José Amrein

Humor und Provokation in der Kommunikation

Tools für Beratung, Therapie und Coaching –
Ideen für Beruf und Alltag

AF639298

Zum Autor

José Amrein, 1965 in Hildisrieden (CH) geboren, ist ausgebildeter Primarlehrer, Logopäde und lösungsorientierter Therapeut. Seit vielen Jahren führt er an seinem Wohnort Luzern eine Praxis mit Spezialisierung in der Stotter- und Stimmtherapie.
José Amrein bietet außerdem praxisorientierte Weiterbildungen sowie Beratungen für Einzelpersonen, Familien und Gruppen an. Er ist Herausgeber von Kommunikationsspielen, Spruchkarten, Humor- und Zitatensets. Seine Fachbücher zum Thema Stottern und sein Roman „Das Geheimnis der Katzenfrau" sind auf viel positives Echo gestoßen.
Humorvolle, provokative und paradoxe Kommunikationsformen und deren Anwendung in Beratungsgesprächen und im Alltag faszinieren José Amrein seit vielen Jahren. Regelmäßig wird er Zeuge, wie Personen sich radikal ändern.
Nähere Informationen: http://www.praxis-amrein.ch

José Amrein

Humor und Provokation in der Kommunikation

Tools für Beratung, Therapie und Coaching – Ideen für Beruf und Alltag

Schulz-Kirchner Verlag

Bibliografische Information der Deutschen Nationalbibliothek
Die Deutsche Nationalbibliothek verzeichnet diese Publikation in der Deutschen Nationalbibliografie; detaillierte bibliografische Daten sind im Internet über http://dnb.d-nb.de abrufbar.

Besuchen Sie uns im Internet: www.schulz-kirchner.de | www.skvshop.de

3. Auflage 2025
2. Auflage 2020
1. Auflage 2019
ISBN: 978-3-8248-1238-7
Alle Rechte vorbehalten
© Schulz-Kirchner Verlag GmbH, 2025
Mollweg 2, D-65510 Idstein, info@schulz-kirchner.de
Vertretungsberechtigte Geschäftsführer:
Dr. Ullrich Schulz-Kirchner, Martina Schulz-Kirchner
Titelfoto: © Michael Möller/Fotolia
Autorenfoto (Titelei): © Stefan Peter, https://www.stefanpeter.ch
Illustrationen: © Peter Gaymann
Fachlektorat: Dr. Ulla Beushausen
Lektorat: Doris Zimmermann
Umschlagentwurf und Layout: Petra Jeck
Druck und Bindung:
TZ Verlag & Print GmbH, Bruchwiesenweg 19, 64380 Roßdorf
Printed in EU

Die Informationen in diesem Buch sind von dem Verfasser und dem Verlag sorgfältig erwogen und geprüft, dennoch kann eine Garantie nicht übernommen werden. Eine Haftung des Verfassers bzw. des Verlages und seiner Beauftragten für Personen-, Sach- und Vermögensschäden ist ausgeschlossen.

Dieses Werk, einschließlich aller seiner Teile, ist urheberrechtlich geschützt. Jede Verwertung außerhalb der engen Grenzen des Urheberrechtsgesetzes (§ 53 UrhG) ist ohne Zustimmung des Verlages unzulässig und strafbar (§ 106 ff UrhG). Das gilt insbesondere für die Verbreitung, Vervielfältigungen, Übersetzungen, Verwendung von Abbildungen und Tabellen, Mikroverfilmungen und die Einspeicherung oder Verarbeitung in elektronischen Systemen. Die Schulz-Kirchner Verlag GmbH behält sich eine Nutzung ihrer Inhalte für Text- und Data-Mining i. S. v. § 44b UrhG ausdrücklich vor Eine Nutzung über den privaten Gebrauch hinaus ist grundsätzlich kostenpflichtig. Anfrage über: info@schulz-kirchner.de

Inhalt

1 Humor und seine Wirkung

Die Heilkraft des Lachens wurde mehrfach wissenschaftlich bewiesen (vgl. Rush 2005: 91-110, Frick 2007: 177-185, Titze 2003: 16-25): Lachen reduziert Stresshormone, stärkt das Immunsystem, dämpft Schmerzen und setzt Glückshormone frei. Lachen entspannt die Gesichtsmuskeln, reguliert den Blutdruck und aktiviert die Atmung. Doch damit nicht genug: Lachen festigt Beziehungen und erhöht den beruflichen Erfolg. Fröhlichen Menschen traut man mehr zu. Lachen stärkt die Gemeinschaft und fördert ein Klima der Gleichwertigkeit. Lachen baut angestaute Aggressionen ab und reduziert Widerstände. Lachen vermindert Komplexe, Blockaden und Unsicherheiten. Lachen steigert die Kreativität und verträgt sich schlecht mit Ärger oder Hoffnungslosigkeit. Und das Gute daran: Lachen ist kostenlos. Während des Lachens werden 300 Muskeln in Bewegung gesetzt. Eine Minute Lachen ersetzt 45 Minuten Entspannungstraining. Wer jeden Tag zehn Minuten herzhaft lacht, verbraucht dabei bis zu 50 Kalorien und kann im Jahr zwei Kilogramm abnehmen.

Der Amerikaner Norman Cousins erkrankte anfangs der Siebzigerjahre an einer unheilbaren Bindegewebskrankheit. Er beschloss, sich selbst zum Lachen zu bringen, indem er sich lustige Filme vorführen oder witzige Bücher vorlesen ließ. Bald stellte Cousins fest, dass seine Schmerzen weitgehend nachließen, nachdem er etwa zehn Minuten lang intensiv gelacht hatte. Tatsächlich wurde Norman Cousins vollständig von seiner Krankheit geheilt (vgl. Rush 2005: 100).

Humor kann im besten Fall das Leben retten. Tiziano Terzani (2010: 130), langjähriger Korrespondent in Asien, war von Mitgliedern der berüchtigten Roten Khmer in Kambodscha gefangen genommen worden. Man erzählte sich, kein ausländischer Gefangener sei ihnen lebend entkommen. Nach eigener Auffassung rettete ihn einzig sein Lächeln. Stundenlang war Terzani von einem Soldaten bewacht worden, der das Gewehr ständig schussbereit auf ihn gerichtet hatte. Terzani schaute den Soldaten die ganze Zeit liebevoll und lächelnd an. Viele Stunden später ließ der Soldat den Gefangenen frei. Terzani ist überzeugt: Sein Lächeln hat ihm das Leben gerettet.

Illustrationen mit freundlicher Genehmigung von ©Peter Gaymann, Schäftlarn, www.gaymann.de

1.1 Humorvolle Sicht auf Probleme

Die allermeisten Menschen empfinden Humor als eine sehr angenehme Seite des Lebens. Humor berührt uns tief. Er ist wie ein Lebenselixier. Gelegenheiten zum Lachen werden deshalb gerne und oft gesucht. Wenn Menschen jedoch in Stress geraten oder von Problemen geplagt werden, verschwindet das Lachen schnell und der Humor bleibt auf der Strecke. Das ist schade, denn Humor würde eine ideale Entspannungsmöglichkeit bieten und könnte ein wirkungsvoller Problemhelfer sein. Humor in heiklen und problematischen Situationen? Gewisse Schwierigkeiten erscheinen manchen Personen einfach zu ernst und zu wichtig, um darüber lachen zu können. Was soll Humor in der Therapie, Coaching und Beratung[1]?

Sowohl Erwachsene wie auch Kinder schätzen es sehr, wenn Berater und Beraterinnen[2] nicht dauernd eine ernste Miene aufsetzen. In meinem Therapiealltag sammle ich viele positive Erfahrungen mit der Anwendung von humorvollen Elementen. Auch bei sehr belastenden Problemen und unangenehmen Gefühlen kann Humor ins Spiel gebracht werden. Menschen können lernen, ihre Probleme auf humorvolle Weise anzugehen. Viktor Frankl verbrachte mehrere Jahre im Konzentrationslager. Er erzählt, dass selbst bei unmenschlichsten Bedingungen Humor gelebt werden kann und eine Quelle der Freude darstellt. Frankl (2002: 74) schreibt: „Auch der Humor ist eine Waffe der Seele im Kampf um ihre Selbsterhaltung.“ Einem Kollegen im Konzentrationslager schlug Frankl vor, täglich mindestens eine humorvolle Geschichte zu erfinden. Beide schöpften neue Kraft aus dieser Abmachung. Humor wird dabei nicht als Masche gesehen, sondern vielmehr als Lebenseinstellung und hohe Kunst der Distanzierung. Frankl (2002: 75) meint: „Stellt der Wille zum Humor, den Versuch, die Dinge irgendwie in witziger Perspektive zu sehen, gleichsam einen Trick dar, dann handelt es sich jeweils um einen Trick so recht im Sinne einer Art Lebenskunst.“ Ähnliches schreibt Furman (2005: 32), der das Schicksal von Menschen mit schwieriger Kindheit untersuchte und zum Schluss kommt: „Wenn der Mensch über sein eigenes Schicksal lachen und seine Vergangenheit

1 „Therapie“, „Beratung“ und „Coaching“ sind Begriffe mit vielen Gemeinsamkeiten. In den meisten Fällen kommen dabei analoge Gesprächsformen zur Anwendung und es soll Ähnliches damit bewirkt werden. Um den Lesefluss zu gewährleisten, verwende ich meistens nur einen der drei Begriffe.

2 Damit die Texte nicht zu schwerfällig werden, verwende ich in der Folge meistens nur die weibliche oder männliche Form. Selbstverständlich ist das andere Geschlecht immer mit einbezogen.

eher in einem komischen als tragischen Licht sehen kann, wird er von ihren Fesseln befreit."

Für die Beratung und Therapie wie auch für den Alltag ist es wichtig, die verschiedenen Facetten von Humor zu kennen. Niemals ist ein gemeiner, zynischer oder böswilliger Humor gemeint, der Gefühle übergeht oder in arroganter Weise daherkommt. Auch ist es nicht das Ziel, unentwegt zu lachen. Schließlich gibt es ja noch viele andere interessante Gesprächsinhalte und Interventionsmöglichkeiten. Humor ist jedoch ein ganz besonderes Salz in der Suppe der Beratung und der alltäglichen Kommunikation.

Ein gewisser Abstand zum Problem macht es leichter, auch einmal darüber zu lachen. Und mit Humor betrachtet man ein Problem entspannter und distanzierter. So kann eine positive Spirale in Gang gesetzt werden. Rückmeldungen meiner Klienten zeigen, dass selbst bei einem so bedrückenden Problem wie dem Stottern Humor ins Spiel gebracht werden kann:

„Jeder Stotternde, der das Stottern als ein großes Übel ansieht und so immer wieder erneut in ein emotionales Loch fällt, wird kaum Fortschritte beim Reden machen. Diejenigen aber, die auch mal über sich selber lachen können und das Stottern einfach als persönliche Schwäche betrachten, werden bestimmt eine positive Entwicklung betreffend des Redens erleben." (Willi, 19)

„Meine Gedanken über mich selbst haben sich verändert. Es sind hellere und farbigere Gedanken als früher. Ich denke positiver über mich und sehe vermehrt meine Stärken. Auch nehme ich es lockerer und betrachte das Ganze mit mehr Humor." (Marc, 16)

„Wenn ich mit dem Stottern humorvoll umgehe, ist es leichter für mich und auch leichter für meine Zuhörer. So macht es die ganze Stimmung lockerer und man stottert folglich auch weniger." (Christian, 18)

Humor wird in vielen Therapiebüchern kaum erwähnt, kann aber Erstaunliches bewirken. Die Atmosphäre verbessert sich merklich, die Beteiligten entspannen sich, die gegenseitige Sympathie steigt und die Laune aller wird besser. Außerdem bin ich mir sicher: Humor und liebevolle Direktheit schützen Berater nachhaltig vor Burn-out und vergrößern die Freude an den beraterischen Begegnungen um ein Vielfaches.

1.2 Die ideale Anwendung

Im Bereich des Humors ist die innere Haltung von entscheidender Bedeutung (vgl. Höfner 2011: 46-49). Habe ich Respekt vor dem anderen? Finde ich ihn sympathisch? Bin ich wohlwollend? Nehme ich mich selbst und die eigenen Probleme nicht allzu ernst? Kann ich spielerisch mit Unzulänglichkeiten umgehen? Der ideale Einsatz von Humor setzt Fingerspitzengefühl voraus. Einerseits respektiert man, dass die Probleme für den anderen etwas Schwieriges sind, andererseits geht man das Ganze auch mit der nötigen Gelassenheit und Leichtigkeit an und nimmt die Symptome nicht allzu ernst. Niemals wird der andere ausgelacht, viel mehr lacht man miteinander über die Unvollkommenheit des Lebens. Humor-Treffer gibt es nicht dann, wenn die Berater ihr Scherzchen besonders witzig finden, sondern dann, wenn die Klienten lachen und gemeinsames Schmunzeln die Situation entspannt. Das kann man auch auf alltägliche Kommunikationssituationen übertragen.
Lachen lässt sich meist nicht planen, sondern entsteht in der jeweiligen Situation. Besonders geeignet sind humorvolle Interventionen bei Klienten, die seit längerer Zeit in festgefahrenen Situationen stecken oder wenig Motivation für die Therapie aufbringen. Zu übertreiben und sich bewusst tollpatschig zu benehmen, kann sehr hilfreich sein. Zwei Beispiele zur Illustration:

Herr W.[3] drohte öfters in seine Opferhaltung zu versinken, allen Komplimenten, allen wertschätzenden, einfühlsamen Bemerkungen und allen offenen, ressourcenorientierten Fragen zum Trotz. So wagte ich etwas Neues und jammerte mit Herrn W. über all das Ungemach auf diesem Planeten, über all die Autokratzer, all die Kriege, all die bösen Chefs, über all die schlimmen Fußballniederlagen, Nebeltage, Verletzungen in der Liebe. Ich versuchte mehr zu jammern als Herr W. und so entspann sich ein interessanter Wettstreit zwischen uns, was uns beide sehr amüsierte. Als wir genug gejammert hatten, kippte die Stimmung plötzlich. Herr W. begann viel Positives zu erzählen und war auf einmal viel entspannter und besser gelaunt. In der Folge entwickelte Herr W. sogar eine erstaunliche Zuversicht, was die Lösung seiner Probleme betraf.

3 Alle in diesem Buch in den Beispielen erwähnten Personen sind mir persönlich bekannt. Die allermeisten habe ich selbst in meiner Praxis oder in meinem Alltag erlebt. Um die Anonymität zu gewährleisten, wurden alle Namen geändert.

Die 8-jährige Andrea fand es sehr lustig, als ich spielerisch stotterte und erklärte, ich fände diese Sprechweise so süß, dass ich unbedingt noch mehr stottern möchte, aber leider würde mir dies nicht gelingen. Andrea musste jeweils herzhaft lachen, wenn ich alle Gegenstände und Personen bewusst falsch benannte und mich tausendmal dafür entschuldigte. Beim nächsten Stotterblock täuschte ich einen übertriebenen Erstickungsanfall vor, was das Gelächter von Andrea noch verstärkte. Natürlich war ihr klar, dass dies alles nur vorgegaukelt war. Andrea entspannte sich. Sie hatte in mir ihren ganz persönlichen Clown. Durch dessen Scheitern fand sie plötzlich zu größerer Sicherheit.

1.3 Wie Humor entsteht

Humor kommt aus dem Herzen, entsteht durch einen kreativen Akt und ist nicht mit einem Lernprogramm in Schritten von 1-100 fassbar. Dennoch kann Humor gelernt werden. Der Mensch kommt nicht lachend auf die Welt, erst in der sozialen Interaktion entstehen humorvolle Fähigkeiten (vgl. Titze 2003: 26-36). Es lohnt sich darüber nachzudenken, wie Humor entsteht. Beim Betrachten von Karikaturen, beim Genießen von Kabarettaufführungen oder beim Lesen von Witzen werden die Komponenten ersichtlich, die zum Lachen beitragen. Sehen wir uns deshalb ein paar Witze – exemplarisch zum Problem des Übergewichts – genauer an:

Die Ernährungsberaterin empfiehlt Opa Schulze Rohkost. Beim Hinausgehen fragt er: „Ich habe nicht ganz verstanden. Soll ich die Rohkost vor oder nach dem Essen einnehmen?“

Der Arzt zur Patientin: „Halten Sie sich strikt an die Diät, Frau Müller – und in ein paar Monaten möchte ich drei Viertel von Ihnen zur Nachuntersuchung wiedersehen ...“

Beim Hausarzt: „Junge, Junge, Sie haben aber ganz schönes Übergewicht bekommen. Das wird ja immer schlimmer!“
„Stimmt. Für mein Gewicht müsste ich 2 Meter 10 groß sein. Aber ich kann essen und essen was ich will – ich werde einfach nicht größer!“

Sie waren eine Woche verheiratet. Sie kochte schauderhaft. „Einfach nicht zu genießen!“, stöhnte er. „Und dabei stand im Heiratsinserat, du hättest die Kochschule besucht.“
„Das war ein Druckfehler, Liebster. Es hätte heißen sollen ‚Hochschule‘!“

Viele Witze funktionieren ähnlich wie humorvolle Bemerkungen in Beruf und Alltag. Folgende Punkte fördern das Lachen:

- Übertreibungen
- Spielerische Formulierungen
- Überraschende Sichtweisen und Wendungen
- Umkehrung des Zusammenhangs
- Fantasievolle Umdeutungen
- Aussprechen von Tabus

1.4 Humor und Schlagfertigkeit

Humor und Schlagfertigkeit lassen sich ideal miteinander kombinieren und helfen, sich selbstbewusster durchzusetzen, peinliche Situationen zu meistern und sich souverän zu behaupten (vgl. Öttl 2007). Humorvolle und schlagfertige Menschen sind besser gewappnet gegen unfaire Angriffe. Oft kann dem Vis-à-vis mit einer einzigen Bemerkung jeglicher Wind aus den Segeln genommen werden. Humor und Schlagfertigkeit zielen darauf ab, Blockaden und schwierige Kommunikationssituationen mit Spontaneität zu überwinden, ohne selbst erniedrigt zu werden und ohne die Person gegenüber als Verlierer zurückzulassen. Verständnis für alle Seiten und innere Gelassenheit sind dabei eine große Hilfe. Alle Beteiligten können und sollen Gewinner sein.

Humor und Schlagfertigkeit sind Fähigkeiten, die gelernt werden können (vgl. Öttl 2007). Für die Anwendung gibt es kein Patentrezept. Wie im nachfolgenden Beispiel sichtbar wird, stehen viele Strategien und Möglichkeiten zur Verfügung:

Ihr Gegenüber macht in gelegentlichen Wutausbrüchen immer wieder schnippische, verletzende Bemerkungen. Auf die Äußerung *„Mein Gott, hast du das nicht besser hingekriegt?“*, kann ganz unterschiedlich reagiert werden. Hier ein paar Möglichkeiten:

- Gefühlsäußerung in Ich-Form
  „Mich stört es, wenn du so mit mir sprichst." oder:
  „Ich akzeptiere es nicht, wenn du so mit mir redest. Ich möchte, dass du mir Kritik zukünftig in freundlicher Art mitteilst." oder:
  „So möchte ich nicht mit dir weiterreden."

- Dem Gesprächspartner beipflichten, humorvoll das Gegenteil der eigenen Gedanken sagen
  „Nein, leider habe ich es nicht schlechter hingekriegt. Ich staune selbst darüber." oder:
  „Das liegt in meinen Genen. Meine gesamte Verwandtschaft macht jede Aufgabe ausnahmslos falsch."

- Übertreiben
  „Ja, genau, so ist es. Seit ich ein Baby war, ist mir noch nie etwas gelungen." oder:
  „Seit vielen Jahrhunderten gibt es in unserer Verwandtschaft nur Versager. Ich setze diese Familientradition in ehrenvoller Weise fort."

- Aus anderer Perspektive formulieren, indirekte/spielerische Formulierung
  „Ich passe mich deinem Niveau an."
  „Auch mein Nachbar und mein Hund können mich nicht ausstehen."

- Eigene Meinung äußern und begründen
  „Natürlich habe ich – wie jeder Mensch – meine Fehler, ich bin auch gerne bereit daran zu arbeiten. Ich fühle mich meinen Aufgaben aber ganz gut gewachsen."

- Komplimente
  „Du hast eine schöne Augenfarbe." oder:
  „Ich danke dir für deine Direktheit."

- Schweigen, nicht beachten

- Gegenfragen, Rückfragen
  „Was genau stört dich?" oder:
  „Und du, hättest du es ohne jeglichen Fehler hingekriegt?" oder:
  „Wie lösen wir das Problem ohne Mord und Totschlag?"

- Mit der Antwort den anderen überraschen
  „Kannst du mir bitte noch eine weitere Anschuldigung sagen?“

- Vertagung
  „Ich werde dir zu dieser Bemerkung morgen meinen persönlichen Kommentar abgeben.“

- Unpassend oder absurd antworten/ablenken
  „Ich möchte später mal nach Mexiko auswandern.“ oder:
  „Magst du gegrillte Heuschrecken?“

- Überraschende Umdeutungen verwenden, bildhafter Vergleich, Assoziationen mitteilen
  „So lange Menschen warm sind, gibt es noch Grund zur Hoffnung.“ oder
  „Ja, ich weiß. Auch Jesus hatte seine Probleme.“

1.5 Humorvolle und provokative Fragen

Sowohl im Alltag wie auch in der Beratung kann das Stellen von Fragen erstaunliche Denkprozesse in Gang setzen. In vielen Fällen bewirkt es weit mehr als viele Belehrungen, Weisheiten, Ratschläge und Befehle, mögen sie noch so gut gemeint sein.

Idealerweise wird den Fragen immer wieder eine Prise Humor und Direktheit beigemischt. Dies belebt das Vis-à-vis, lässt Gespräche nicht zu kopflastig werden und fördert neue Erkenntnisse. In allen Zeitepochen lebten Menschen, die andere Personen geistreich und kreativ mit ungewöhnlichen Fragen herausforderten. So konfrontierte beispielsweise Sokrates im alten Griechenland seine Mitmenschen so lange mit Fragen, bis die Gesprächspartner zu mehr Selbsterkenntnis gelangten und einsahen, wie unreif und wenig durchdacht ihre Meinung bisher war (vgl. Lukas 2001, 57-63).

Dabei ist wichtig zu beachten: Provokative und paradoxe Fragen sollen stets in wohlwollendem und liebevollem Ton gestellt werden, damit sie nicht verletzend wirken.

Beispiele für den Alltag:

- Welches Kompliment möchtest du öfters hören?
- Wenn du nur noch ein halbes Jahr zu leben hättest, was würdest du in dieser Zeit tun?
- Welche humorvollen Komponenten siehst du in deinem Problem?
- Wie kommt es, dass du so dumm handelst?
- Welchen Vorteil hat es?
- Wie wäre es, wenn in 20 Jahren alles unverändert wäre?
- Du lebst immer noch?

Beispiele für die Beratung:

- Was müssen Sie tun, damit alles noch schlechter läuft?
- Was müssen Sie tun, damit alles so bleibt, wie es ist und keine Besserung eintritt?
- Wenn Ihr Problem einen Sinn hätte, welcher wäre es?
- Was müssten Sie tun, damit Sie auf dem Sterbebett richtig unzufrieden mit Ihrem Leben sind?
- Wie müssen wir uns beide verhalten, damit die Beratung ein absoluter Fehlschlag wird?
- Welche humorvollen Anteile sehen Sie im Problem?
- Welchen Vorteil hat ihr Problem?

Mögliche Fragen für Kinder:

- Wie bringst du andere zum Lachen?
- Wie könntest du alles verschlimmern?
- Wollen wir auf den Mond fliegen?
- Welcher Zauberspruch hilft?
- Könntest du noch schwächer sein?
- Was würde ein Krokodil dazu sagen?
- Wie könnten wir beide ohnmächtig zusammenbrechen?

Verschiedene Autoren (vgl. Dobelli 2009, Frisch 1998, Krogerus 2009, McFarlane 2001) schrieben Bücher, die aus lauter Fragen bestehen. Viele dieser Fragen sind auf humorvoll-provokative, indiskrete und außergewöhnliche Art formuliert. Sie bieten Anlass für manches Schmunzeln und für stundenlange, kurzweilige Gespräche. Hier eine Auswahl besonders interessanter Fragen:

- Überzeugt Sie Ihre Selbstkritik?
- Warum müssen wir die Frauen nicht verstehen?
- Haben Sie Humor, wenn Sie allein sind?
- Sind Sie sich selbst ein Freund?
- Was ertragen Sie nur mit Humor?
- Möchten Sie wissen, wie Sterben ist?
- Welche Wörter hassen Sie?
- Was war das Überraschendste, was Sie je gemacht haben?
- Was war der peinlichste Moment in Ihrem Leben?
- Wer würde diese Frage am besten beantworten?
- Was dürfte in Ihrem Benutzerhandbuch nicht fehlen?
- Welche Fragen hätten Sie Sokrates gestellt?
- Wie viel Enttäuschung brauchen Sie, um für Glück empfänglich zu sein?
- Wenn Sie lügen, ohne zu wissen, dass Sie lügen, lügen Sie dann?
- Langweilen Sie sich lieber allein oder in Gesellschaft?
- Wie scheitern Sie am liebsten?
- Würden Sie sich einstellen?
- Was empfindet der Millionär, wenn er dem Milliardär begegnet?
- Möchten Sie Ihr Freund sein?
- Wie gut sind Sie im Aufspüren von Mängeln bei anderen?
- Wie viele Ihrer Komplimente sind ernst gemeint?
- Welche Denkrichtungen würden Sie staatlich fördern?
- Wie alt möchten Sie nicht werden?
- Welches sind Ihre persönlichen Alternativen zum Tod?
- Was raten Sie anderen zum Glück?
- Welche peinlichen Erlebnisse bringen Sie zum Schmunzeln?
- Würden Sie Ihren Nachkommen Ihr Leben wünschen?
- Verändert sich Humor im Alter?
- Kennen Sie Tiere mit Humor?
- Wären Sie lieber sympathischer oder intelligenter?
- Haben Sie Freunde unter den Toten?

1.6 Humorvolle Texte

Humor lässt sich ein Leben lang verfeinern und ist eine große Ressource in allen Lebenslagen. Eine eigene Sammlung lustiger Videos, Cartoons und Texte ist dabei sehr hilfreich. Es bereitet uns Menschen viele beglückende Stunden, wenn wir gemeinsam humorvolle Videos ansehen und lustige Filme genießen.

Wie wäre es, einander amüsante Texte vorzulesen oder ein scherzhaftes Gedicht auswendig zu lernen und es in besonderen Stunden zu rezitieren? Hier eine kleine Auswahl humorvoller Gedichte:

An das Baby
Alle stehn um dich herum:
Fotograf und Mutti
und ein Kasten, schwarz und stumm,
Felix, Tante Putti ...
Sie wackeln mit dem Schlüsselbund,
fröhlich quietscht ein Gummihund.
„Baby, lach mal!“ ruft Mama.
„Guck“, ruft Tante, „eiala!“
Aber du, mein kleiner Mann,
siehst dir die Gesellschaft an ...
Na, und dann – was meinste?
Weinste.

Später stehn um dich herum
Vaterland und Fahnen;
Kirche, Ministerium,
Welsche und Germanen.
Jeder stiert nur unverwandt
auf das eigne kleine Land.
Jeder kräht auf seinem Mist,
weiß genau, was Wahrheit ist.
Aber du, mein guter Mann,
siehst dir die Gesellschaft an ...
Na, und dann – was machste?
Lachste.
Kurt Tucholsky

Dunkel war's, der Mond schien helle

Dunkel war's, der Mond schien helle,
Schnee lag auf der grünen Flur,
als ein Auto blitzeschnelle
langsam um die Ecke fuhr.
Drinnen saßen stehend Leute,
schweigend ins Gespräch vertieft,
als ein totgeschossner Hase
auf der Sandbank Schlittschuh lief.

Auf einer roten Bank,
die blau angestrichen war,
saß ein blondgelockter Jüngling
mit kohlrabenschwarzem Haar.
Neben ihm 'ne alte Schrulle,
die kaum erst sechzehn war.
Diese aß 'ne Butterstulle,
die mit Schmalz bestrichen war.

Droben auf dem Apfelbaume,
der sehr süße Birnen trug,
hing des Frühlings letzte Pflaume
und an Nüssen noch genug.

Eine Kuh, die saß im Schwalbennest
mit sieben jungen Ziegen,
die feierten ihr Jubelfest
und fingen an zu fliegen.
Der Esel zog Pantoffel an,
ist übers Haus geflogen,
und wenn das nicht die Wahrheit ist,
so ist es doch gelogen.

Joachim Ringelnatz

Zahnschmerz

Das Zahnweh, subjektiv genommen,
ist ohne Zweifel unwillkommen;
doch hat's die gute Eigenschaft,
dass sich dabei die Lebenskraft,
die man nach außen oft verschwendet,
auf einen Punkt nach innen wendet
und hier energisch konzentriert.
Kaum wird der erste Stich verspürt,
kaum fühlt man das bekannte Bohren,
das Zucken, Rucken und Rumoren,
und aus ist's mit der Weltgeschichte,
vergessen sind die Kursberichte,
die Steuern und das Einmaleins,
kurz, jede Form gewohnten Seins,
die sonst real erscheint und wichtig,
wird plötzlich wesenlos und nichtig.
Ja, selbst die alte Liebe rostet,
man weiß nicht, was die Butter kostet,
denn einzig in der engen Höhle
des Backenzahnes weilt die Seele,
und unter Toben und Gesaus
reift der Entschluss: Er muss heraus!

Wilhelm Busch

Das Huhn und der Karpfen

Auf einer Meierei
Da war einmal ein braves Huhn,
Das legte, wie die Hühner tun,
An jedem Tag ein Ei
Und kakelte,
Mirakelte,
Spektakelte,
Als ob's ein Wunder sei.

Es war ein Teich dabei,
Darin ein braver Karpfen saß
und stillvergnügt sein Futter fraß,
Der hörte das Geschrei:
Wie's kakelte,
Mirakelte,
Spektakelte,
Als ob's ein Wunder sei.
Da sprach der Karpfen: "Ei!
Alljährlich leg' ich ´ne Million
Und rühm' mich dess' mit keinem Ton;
Wenn ich um jedes Ei
So kakelte,
Mirakelte,
Spektakelte -
Was gäb's für ein Geschrei.

Heinrich Seidel

Es sitzt ein Vogel auf dem Leim

Es sitzt ein Vogel auf dem Leim,
Er flattert sehr und kann nicht heim.
Ein schwarzer Kater schleicht herzu,
Die Krallen scharf, die Augen gluh.
Am Baum hinauf und immer höher
Kommt er dem armen Vogel näher.

Der Vogel denkt: Weil das so ist
Und weil mich doch der Kater frißt,
So will ich keine Zeit verlieren,
Will noch ein wenig quinquilieren
Und lustig pfeifen wie zuvor.
Der Vogel, scheint mir, hat Humor.

Wilhelm Busch

2 Provokation und Humor

Humor allein bewegt bei manchen Problemen und in festgefahrenen Situationen zu wenig. Wirkungsvoller sind in solchen Fällen provokative *und* paradoxe Interventionen. Dadurch kommen vermehrt Gefühle ins Spiel und der Lerneffekt wird gesteigert, da bei mittlerer emotionaler Erregung (d. h. bei Freude, Spaß, Interesse statt bei Stress, Angst oder Langeweile) die Veränderungs- und Lernbereitschaft besonders hoch ist (vgl. Höfner 2004: 102). Ohne gefühlsmäßige Beteiligung sind Veränderungen indes nur schwer zu erreichen.

Das Wort „provokativ" geht auf das lateinische Wort „provocare" zurück, was so viel wie „herausfordern" und „hervorrufen" bedeutet (vgl. Titze 2003: 97). Provokative Äußerungen eignen sich bestens, um das Potential eines Menschen zu wecken und die Ressourcen zu aktivieren. Ein besonderes Augenmerk gilt dabei dem guten Draht zwischen Klienten und Beratern (vgl. Höfner 2004: 64). Ist dieser gute Draht vorhanden, werden Menschen sehr gerne herausgefordert. Dies geschieht immer zum langfristigen Nutzen der Klientinnen und Klienten. Ähnlich einem Hofnarren zeigt man dem Gegenüber den Spiegel. Natürlich darf das gemeinsame Lachen dabei nicht zu kurz kommen, schließlich will man als Hofnarr ja nicht „geköpft" werden, respektive soll in keiner Art und Weise ein Beratungsabbruch provoziert werden. Die Äußerungen der beratenden Person sind frei von Überheblichkeit und richten sich ausschließlich gegen das Schädliche und Destruktive im Denken und Verhalten der Klienten. Die selbstschädigenden Denk-, Fühl- und Verhaltensmuster werden dabei auf amüsante, herausfordernde Art gespiegelt (vgl. Steinberger 2001: 155-157, Höfner 2004: 27).

Frank Farrelly, der Begründer der Provokativen Therapie, feierte mit seiner außergewöhnlichen Methode viele erstaunliche Erfolge und konnte interessante Anregungen für Beruf und Alltag liefern (vgl. Farrelly 1986, Hain 2001: 61-72, Höfner 2011: 20).

In den letzten Jahrzehnten wurde der provokativ-humorvolle Ansatz zum „Provokativen Stil", dessen Wirkungsbereich nicht nur therapeutisch einsetzbar ist, sondern auch als wertvolles Kommunikationsmittel in vielen Alltagssituationen Verwendung findet (vgl. Höfner 2011).

Viele meiner Klienten betonen bei Therapieende, wie wertvoll es für sie war, dass sie (heraus)gefordert wurden. Sie berichten mir, dass sie durch meinen provozierenden Gesprächsstil an Durchsetzungsvermögen und Schlagfertigkeit gewinnen und viel für den Alltag profitieren.

„Positiv war das Provozieren, weil es mich seelisch stärker machte. Ich weiß jetzt mit ungewöhnlichen Situationen umzugehen, wie zum Beispiel mit Streit. Mein Selbstwertgefühl ist mächtig gestiegen." (Philip, 13)

„Im Alltag sind mir Teile der Konversation wieder eingefallen und ich musste jeweils lachen. Die Therapie hatte und hat immer noch sehr positive Auswirkungen auf meine Aktionen und Reaktionen." (Aline, 32)

„Ich trat in der Partnerschaft auf der Stelle. Durch das Provozieren und mithilfe der direkten, kecken Aussagen kam mein Unbewusstes durcheinander. Die Bemerkungen des Therapeuten waren grotesk, ernst, überspitzt und trafen den Kern. Die provokativen Äußerungen brachten meine vorgefassten Konzepte durcheinander. Ich konnte loslassen und eine neue Sicht eröffnete sich mir. Seit zwei Monaten ist zu diesem Thema Ruhe eingekehrt. Ich genieße die Zweisamkeit." (Renate, 47)

„Bei den Provokationen lernt man sich zu verteidigen. Meine Entwicklung ist mysteriös. Hauptpunkt war, alles locker zu nehmen." (Mirka, 21)

„Humor erleichtert es einem generell, das Leben und sich selbst weniger ernst zu nehmen. Gezielt und professionell eingesetzten Humor finde ich eines der stärksten Mittel in schwierigen Gesprächen. Plötzlich wird auch der härteste Stein weich und beginnt zu lachen, weil er nicht mehr anders kann." (Julius, 46)

„Humor hat eine unglaubliche Wirkung. Als ich verbissen auf meinem Standpunkt verharrte, wurde ich spielerisch ausgehebelt. Clever eingesetzter Humor zeigt einer tendenziell humorlosen Person auf, was sie eigentlich im Leben verpasst – oder wie lächerlich sie sich verhält, ohne dass es sich beleidigend anfühlt. Alleine dies kann viel bewirken, auch und gerade in der Therapie." (Christine, 39)

Illustrationen mit freundlicher Genehmigung von ©Peter Gaymann, Schäftlarn, www.gaymann.de

2.1 Die innere Haltung

Humorvolle und provokative Interventionen gelingen nur, wenn die therapeutische Beziehung und die innere Haltung positiv sind. Die innere Haltung zeigt sich meist in der Körpersprache und Stimme. Diese sind meist nicht direkt beeinflussbar. Eine vorgetäuscht nette Stimme oder eine gespielte, lockere Körperhaltung wirken unecht. Am wirksamsten können die Körperhaltung und der gute Draht über eine Änderung der inneren Haltung, der eigenen Einstellungen und Überzeugungen positiv beeinflusst werden. Es lohnt sich deshalb, einen Blick auf das Menschenbild des provokativen Ansatzes zu werfen und sich damit auseinanderzusetzen (vgl. Farrelly 1986: 42-156, Höfner 2011: 53-66): Der provokative Ansatz geht von folgenden Annahmen aus:

- Jeder Mensch hat positive Qualitäten. Es lohnt sich, sie zu entdecken.
- Es ist sinnvoll, Menschen grundsätzlich so zu akzeptieren, wie sie sind und sie nicht verändern zu wollen. (Der andere muss gute Gründe für sein Verhalten und sein Denken haben.)
- Jeder Mensch ist für sein Verhalten und seine Gefühle selbst verantwortlich.
- Ratschläge führen zu Abhängigkeit und lösen ein Problem selten endgültig.
- Um ein Problem zu lösen, ist es nicht notwendig, in die Vergangenheit zu blicken oder Ursachenforschung zu betreiben.
- Das Negative des menschlichen Lebens, schlechte Gedanken, Gefühle und Taten lassen sich in unserem Dasein nicht vermeiden. Es ist hilfreich, das Negative locker und spielerisch anzugehen.
- Der Glaube an Selbstverantwortung und Beeinflussbarkeit des eigenen Lebensweges ist hilfreicher als die Fixierung auf wenig beeinflussbare Faktoren (wie z. B. Fixierung auf Vererbung, Astrologie, Traumata).
- Viele Probleme lösen sich deshalb nicht auf, weil ihnen häufig sehr verkrampft und mit den immer gleichen Lösungsversuchen begegnet wird. Kreative Sichtweisen und überraschende Interventionen können besonders gut Blockaden auflösen.
- Viele menschliche Probleme sind Produkte von Denkblockaden. Die Auflösung von selbstschädigenden Gedankenmustern führt oft zu angenehmen Gefühlen und neuen Verhaltensweisen.
- Menschen sind nicht zerbrechlich und hilflos. Jeder Mensch kann Selbstverantwortung übernehmen und sein Verhalten ändern.

- Es ist sinnvoll anzunehmen, dass die meisten menschlichen Verhaltensweisen dem freien Willen unterworfen sind. Menschen haben Probleme, weil sie zum jeweiligen Zeitpunkt noch keine neuen Denk- oder Verhaltensweisen ausprobieren oder anwenden.
- Indem das Gegenüber Partei für die Schattenseiten und negativ wirkenden Aspekte des Menschen ergreift – oft in übertriebenem Ausmaß –, setzt sich der Mensch für all seine positiven Anteile ein.
- Indem sich die Menschen im Zerrspiegel betrachten und über sich selbst lachen, entwickeln sie neue, konstruktive Verhaltensweisen.
- Selbst chronische Probleme und Situationen ohne scheinbare Hoffnung für Menschen können sich radikal wandeln.

2.2 Ziele von Provokation und Humor

Ziel der provokativen und humorvollen Interventionen ist es, die Klienten durch humorvolle Sichtweisen und liebevolles Provozieren so herauszufordern, dass sie destruktives Handeln und Denken aufgeben und neue Wege einschlagen (vgl. Höfner 2004: 190-191, Farrelly 1986: 74-75). Lachen und Direktheit befreien und eröffnen kreative Wege aus der Sackgasse. Humor schafft einen gesunden Abstand zu den Problemen und gibt Kontrolle zurück, sodass die Opferhaltung zu Gunsten einer aktiveren Rolle aufgegeben werden kann (vgl. Titze 2003: 97). Indem sich die Klienten im Zerrspiegel betrachten und über sich selbst lachen, entwickeln sie neue, hilfreichere Verhaltensweisen.

Aus Sicht des Konstruktivismus (der besagt, dass jeder Mensch seine Welt und folglich auch seine Probleme weitgehend selbst konstruiert) werden durch paradoxe, provokative und humorvolle Interventionen bei den Klienten neue Konstruktionen gebildet, die zu weniger Problemen führen (vgl. Watzlawick 2006, Gruntz-Stoll 1997).

Folgende Ziele sollen bei den Klienten erreicht werden:

- Schaffung von Handlungsspielräumen
- Öffnung des Blicks und der Sichtweisen
- Entspannung und Distanz gegenüber den Problemen
- Auflösung von Denk- und Verhaltensblockaden, Neuformierung des Weltbildes

- Sicherung des Selbstwertes, verbal und im Verhalten
- Stärkung der Eigenverantwortung, Abschied von der Opferrolle
- Bereitschaft, sich auf Wagnisse einzulassen
- Stärkung der unmittelbaren Reaktionsfähigkeit bei Konflikten
- Widerstand gegen die Selbstschädigung
- Differenzierung von Gedanken und Einstellungen
- Stärkung des Selbstverteidigungs- und des Durchsetzungsvermögens
- Spaß an der Beratungsstunde für alle Beteiligten

2.3 Provokative und humorvolle Interventionen

Es gibt eine Vielzahl provokativer und humorvoller Elemente. Diese können in kreativer Art miteinander verbunden werden und lassen sich problemlos mit anderen Gesprächsstilen und Beratungstechniken kombinieren. Die Grundbedingung ist die Herstellung des guten Drahtes zum Gegenüber und eine positive Grundhaltung gegenüber dem Leben und den Menschen im Allgemeinen.
Die folgende Auflistung zeigt die ganze Palette der provokativen und humorvollen Gestaltungsmöglichkeiten (vgl. Cordes 2017: 23-56, Farrelly 1986: 73-123, Höfner 2004: 92-157, Titze 2003: 101-103, Wippich 1996: 269-270).

- Spielerischer Umgang mit Problemen (liebevolles Necken wie bei guten Freunden)
- Einstieg in das Weltbild des anderen (wandern in der Denkwelt des andern, wertfreie Einfühlung)
- Spiegel vorhalten: Imitation der Klienten, mit warmer Stimme und ohne wirklich daran zu glauben
- Das Verhalten und die Gedanken des anderen karikieren und übertreiben
- Liebevolles Karikieren des Weltbildes (LKW)
- Überraschende, humorvolle und absurde Umdeutungen und Erklärungen
- Offen und direkt wie ein Hofnarr agieren: die eigenen Gedanken, Reaktionen und Empfindungen in Bezug auf den anderen aussprechen, die Wirkung des anderen thematisieren, übertreiben, humorvolle Sichtweisen einbeziehen
- Den Klienten die Konsequenzen ihrer Verhaltensweisen und Einstellungen vor Augen führen
- Verwendung von Bildern und Geschichten

- Elegante Umschreibungen, indirekte und spielerische Formulierungen
- Verwendung von übertriebenen Zukunfts- und Katastrophenszenarien
- Begeisterung für das Symptom zeigen, den sekundären Gewinn offen legen, die Vorteile des Problems hervorheben, die Nachteile herunterspielen
- Verschwörertechnik: das Symptom verstärken, die Vorteile des Problems noch mehr auskosten
- Von Veränderung abraten, Nachteile einer allfälligen Veränderung hervorheben, Verführung zum bisherigen Verhalten
- Zur Beibehaltung der Wachstumsbremsen animieren, Faulheit, Angst und fixe Ideen als gute Gründe für eine Nicht-Veränderung darstellen
- Keine belehrenden Ratschläge, jedoch Tipps, die zum momentanen Denken und Verhalten passen, auch absurde, ausgefallene, verrückte, „idiotische" Ratschläge
- Spielerischer Umgang mit dem Symptom
- Verrückter handeln und denken als der andere
- Den anderen auf spielerische Art dazu animieren „ja" zu sagen, z. B. zu negativen Selbstbildern und Wachstumsbremsen
- Auf das Alter der Klienten anspielen
- Metakommunikation (Rückmeldung am Schluss einfordern, Rückfragen bei allfälliger Unsicherheit zur Wirkung der provokativen und humorvollen Äußerungen, sich allenfalls entschuldigen bei einer verletzenden Äußerung)

Wenden Sie provokative und humorvolle Elemente nach keinem bestimmten Schema an, sondern in freier und intuitiver Weise! Beispielsweise kann man auf die Äußerung „Gell, ich bin ein schwieriger Fall!" auf ganz verschiedene Arten reagieren. Am vorteilhaftesten ist es, die Sätze mit liebevoller Stimme und wohlgemeintem Necken zu kombinieren. Hier ein paar mögliche Reaktionen:

- *Sehen Sie sich als schwierigen Fall?* (ruhig zurückfragen)
- *Sie sind ein sehr, sehr schwieriger Fall.* (imitieren und übertreiben)
- *Ja, aber ich liebe schwierige Fälle.* (beipflichten und umdeuten)
- *Sie haben bestimmt gute Gründe, sich als schwierigen Fall zu sehen. Welches sind denn diese Gründe* (ins Weltbild einsteigen und nachfragen)
- *Ich muss Sie enttäuschen. Sie liegen im Durchschnitt der Schwierigkeiten.* (offen und direkt antworten)

- *Schwierige Fälle benötigen 30 Jahre zum Lösen.* (übertriebenes Zukunftsszenario)
- *Das ist ein guter Grund, dass wir den Fall gar nicht lösen. Sie gewöhnen sich einfach an die Situation.* (sich für das Problem begeistern)
- *Endlich wieder ein schwieriger Fall. Die einfachen Fälle sind mir nämlich viel zu langweilig.* (elegant umschreiben)
- *Schon meine Großmutter sagte: „Schwierige Fälle sind einfach zu lösen und einfache Fälle schwierig."* (umdeuten und eine Geschichte erzählen)
- *Sie sind wie ein Schweizer Uhrwerk. Da bei Ihnen alles so fehlerlos klappen sollte, wird es folglich sehr schwierig und komplex.* (Bild verwenden)
- *Auch schwierige Fälle kann man Schritt für Schritt lösen.* (offen und direkt antworten)
- *Schwierige Fälle benötigen viel Ausdauer und Kreativität. Haben Sie die?* (den anderen herausfordern)
- *Sie benötigen 10 Beraterinnen und 10 Berater.* (Tipp, der zum momentanen Denken passt)
- *Sie sind die komplizierteste, fantasievollste, kritischste und liebevollste Person auf diesem Planeten.* (verrückter denken als der andere)
- *Sie könnten 100-mal pro Tag sagen: „Ja, ich bin ein schwieriger Fall." Irgendwann werden Sie voll und ganz daran glauben* (animieren, „ja" zu sagen)

Zur Illustration folgendes Beispiel:

> Carlo ist ein 12-jähriger Gymnasiast mit Lese-Rechtschreibproblemen. Er vergisst regelmäßig seine Hausaufgaben und ist gegen Ermahnungen immun. Auch Einträge ins Hausaufgabenheft bleiben ohne Erfolg. Die Lehrperson sagt liebevoll neckend: „Ich glaube nicht, dass du es schaffst, dreimal hintereinander an die Hausaufgaben zu denken und diese zu machen. Ich glaube, dass du das einfach nicht kannst. Du brauchst eben immer noch eine Mami, die dich daran erinnert und dich zwingt, die Hausaufgaben zu machen." Carlo blickt die Lehrperson verwirrt an und widerspricht sogleich. Die beiden schließen eine Wette ab. Carlo glaubt, er schaffe die Hausaufgaben allein, die Lehrperson wettet dagegen. In den darauffolgenden Wochen gelingt es Carlo erstaunlicherweise plötzlich, die Haus-

Illustrationen mit freundlicher Genehmigung von ©Peter Gaymann, Schäftlarn, www.gaymann.de

aufgaben selbst zu machen. Carlo hat sich wohl in seinem Stolz verletzt gefühlt, wollte nicht als Muttersöhnchen gelten und war sehr motiviert, die Wette zu gewinnen.

In den nächsten Kapiteln werden einige der erwähnten Elemente genauer erklärt und mit Beispielen untermauert.

2.3.1 Spiegeln und übertreiben

Die Möglichkeiten des Spiegelns sind sehr vielfältig. Spiegeln lassen sich das Verhalten, die Körperhaltung, die Stimme, der Inhalt einer Äußerung, der Blick oder auch das Denken des Gegenübers. Interessanterweise beginnen sich viele Menschen binnen kürzester Zeit zu verändern, wenn sie gespiegelt werden. Im Übrigen ist dies auch häufig der Fall, wenn sich Menschen im Spiegel betrachten. Fast automatisch verändern sie sich, lächeln und beeinflussen ihr Spiegelbild (vgl. Höfner 2004: 119).

Das Spiegeln des Gegenübers eignet sich auch bestens, um sich in den anderen einfühlen zu können. Wenn wir die Körperhaltung, die Stimme und das Verhalten imitieren, können wir uns in kürzester Zeit ein Bild davon machen, wie sich der andere fühlt und was er denkt.

Die Art und Weise des Spiegelns kann sehr variantenreich geschehen: wirklichkeitsgetreues Spiegeln, Über- und Untertreibungen, Spiegeln des Gegenteiles, Spiegeln einer Macke oder Verhaltensauffälligkeit (vgl. Farrelly 1986: 97, Höfner 2004: 119-133).

Nun steht aber die Frage im Raum: Fühlt sich der andere dadurch nicht verletzt? Natürlich ist beim Spiegeln viel Fingerspitzengefühl nötig. Jedoch sollen durchaus auch Gefühle ausgelöst werden. Niemals darf es das Ziel sein, die andere Person zu erniedrigen oder zu verletzen. Eine kleine „Kränkung“, respektive ein kleines Aufrütteln bezüglich gewisser Verhaltens- oder Denkweisen, ist manchmal sehr wirksam. Dies kann auch als sinnvolle Destabilisierung angesehen werden. Bekanntlich ist der Mensch ein Gewohnheitstier. Manche Gewohnheiten oder Denkblockaden lassen sich nur schwer mit ruhigem Reflektieren lösen. Ein gefühlsmäßiges Betroffensein bildet oft den Motor für Veränderungen. Eine Destabilisierung der vorhandenen Gedanken- und Verhaltensmuster ist manchmal von großer Wichtigkeit.

Im Alltag versuchen die meisten Menschen authentisch zu sein. Das Nonverbale (Körperhaltung und Stimme) soll mit dem Verbalen übereinstimmen. Nun geschieht es aber öfters, dass die Worte wohlwollend und positiv formuliert werden, hingegen nonverbal (beispielsweise durch angestauten Ärger) viel Negatives mitschwingt. Da das Nonverbale eine dominante Wirkung auf andere Menschen ausübt, wird meist dem Nonverbalen vertraut (vgl. Höfner 2004: 71). Es kann deshalb sinnvoll sein, den Spieß umzudrehen und absichtlich nicht ganz authentisch zu sein. Dies wird bei provokativ-humorvollen Interventionen bewusst in spielerischer Form angewendet. Nonverbal ist man sehr positiv (der gute Draht), verbal aber spiegelt man das Gegenüber, man wagt freche und negative Aussagen. Klienten fühlen sich dadurch etwas verwirrt, was aber meist einen sehr positiven Effekt hat. Eine leichte Verwirrung oder Trance kann Ressourcen ideal aktivieren. Da in erster Linie auf die nonverbalen Anteile vertraut wird, fühlen sich Klienten trotz leichter Verwirrung grundsätzlich verstanden und in sicheren Händen (vgl. Höfner 2011: 64-65).

Häufig entsteht durch das Spiegeln ein intensives und aufschlussreiches Gespräch. Auch hierzu zwei Beispiele:

Herr K. konnte in der Übungssituation wunderbar deutlich sprechen, zeigte aber wenig Motivation, dies im Alltag umzusetzen. Als ich sein undeutliches, überaus schnelles Sprechen über längere Zeit spiegelte, begann er sich zu ärgern und sagte mir: „Es stört mich, wenn Sie so mit mir reden." Darauf entgegnete ich: „Dann sehen wir das ja ganz ähnlich. Ich störe mich nämlich auch daran, dass Sie so sprechen." Darauf lachten wir beide. Indem er es am eigenen Leib spürte, veränderte Herr K. in der Folge ziemlich schnell sein Verhalten und seine Sprechweise.

In der Gruppentherapie darf sich jeder vor laufender Kamera vorstellen und zwei Minuten über sich erzählen. Ein Junge, der gerne den Cool-Man spielt, möchte als Letzter erzählen und fragt zuvor besorgt: „Was passiert, wenn ich nichts mehr weiß oder einen Fehler mache?" Die Therapeutin reagiert total geschockt und fragt die anderen Jungs: „Oh, mein Gott, was denkt ihr, wird er vielleicht sterben, wenn etwas nicht ganz perfekt läuft?" Die zwei anderen Jungs steigen auf den Witz ein und antworten neckend: „Ja, also wir werden dich bestimmt gleich auffressen." Der Junge lacht und meint: „So schlimm ist es nicht. Ich glaube, ich werde es überleben."

2.3.1.1 Tücken beim Spiegeln

Natürlich birgt das Spiegeln auch gewisse Gefahren. Beispielsweise funktioniert es schlecht, wenn die Beziehung zum Gegenüber angeschlagen ist oder wenn der andere dadurch in eine bestimmte Richtung gelenkt werden soll. Je nach kognitivem Entwicklungsstand ist zu beachten, dass das Spiegeln über Worte nicht als solches erkennbar ist und falsch aufgefasst werden kann. Verbaler Humor ist bei Kindern unter sieben Jahren mit Vorsicht einzusetzen. Besser eignet sich bei dieser Altersstufe das Spiegeln des Verhaltens und der Körperhaltung.

Spiegelt man ein Symptom, wird dies von direkt Betroffenen manchmal als verletzend empfunden und sie wehren sich entsprechend. Darauf kann sehr unterschiedlich reagiert werden. Hierzu ein paar Möglichkeiten aus dem Umfeld des Stotterns:

- *„Gut, dass Sie mir das sagen. Wissen Sie, ich möchte das Stottern ausprobieren, um ein bisschen zu verstehen, wie man das tut und wie sich das wohl anfühlen könnte."*
- *„Danke, dass Sie mir das sagen. Wissen Sie, ich habe Spaß zu stottern. Mit den Wörtern zu spielen, die Silben zu wiederholen und die Zunge anzuspannen finde ich kreativ. Erlauben Sie mir nicht, dass ich ab und zu ein bisschen stottern darf? Bitte!"*
- *„Gut, dass Sie mir das sagen. Wir sehen das wohl etwas verschieden. Sie stottern ja auch. Mich stört das aber in keiner Art und Weise. Was stört Sie denn daran, wenn ich stottere?"*
- *„Toll, dass Sie den Mut haben, mir das zu sagen. Ich werde nicht mehr so tun, als ob ich stottere."*
- *„Stottern ist für mich nichts Wichtiges im Leben, deshalb stottere ich manchmal auch. Vielleicht um Ihnen zu zeigen, dass man gut damit leben kann. Was meinen Sie dazu?"*
- *„Nun, ich stottere, weil mir jemand gesagt hat, die anderen würden mich dann besonders nett behandeln und mich verwöhnen."*

- *„Gut, dass Sie mir das sagen. Ich stottere nur, damit Sie nicht so allein stottern müssen.“*

Solche Gespräche verlaufen sehr gefühlsbetont und animieren zum Lachen. Manchmal geschieht es sogar, dass Stotternde plötzlich Spaß am Stottern bekommen und verspielt mit mir zu stottern beginnen.

2.3.1.2 Beispiele

Eine schwache Stimme, eine bedrückte Körperhaltung, eine außergewöhnliche Meinung oder ein auffälliges Verhalten zu spiegeln und – falls möglich und passend – die Vorteile davon zu betonen und zu übertreiben, ist häufig eine äußerst wirkungsvolle Intervention. Sie ist bestens mit paradoxen Elementen kombinierbar. So kann beispielsweise das Gegenüber dazu ermuntert werden, die schwache Stimme oder das hyperaktive Verhalten zu verstärken, um die Vorteile davon mehr genießen zu können.

Personen mit eher geringem Selbstvertrauen werden durch das Spiegeln interessanterweise meist selbstbewusster. Mein Spiegeln reizt die anderen anscheinend, mir zu beweisen, dass sie gar nicht so schlecht und minderwertig sind. Wenn ich so tue, als ob ich mehr Ängste und Sorgen hätte und weniger Selbstvertrauen als sie, kommen die anderen plötzlich in die mächtigere Position. Die Rollen sind dann getauscht: Die anderen bauen mich auf, belehren mich und ergötzen sich an meinem ängstlichen Verhalten oder meiner schwachen Stimme. Zwei Beispiele zur Illustration, wie Spiegeln das Selbstvertrauen stärkt:

Herr R. berichtete mir leise, er sei sehr unsicher und fühle sich minderwertig, worauf ich ihm mit schwächlicher Stimme entgegnete, ich sei noch viel unsicherer und absolut nichts wert. Dies zauberte ein erstes Lächeln auf das Gesicht von Herrn R. Nun begannen wir belustigt darüber zu streiten, wer von uns beiden unsicherer und minderwertiger sei. Einige Minuten später wendete sich das Spiel und jeder kämpfte darum, besser als der andere zu sein. Überraschenderweise veränderte sich die Stimme von Herrn R. durch mein Spiegeln innerhalb weniger Sekunden in eine überzeugte Stimme, so als ob ein Schalter betätigt worden wäre.

Eine Mutter erzählte mir, dass sich ihre 6-jährige Tochter jede Nacht fürchterlich vor Gespenstern geängstigt habe. Alles sei probiert worden und nichts habe genützt. Da habe sie – aus einer spontanen Eingebung heraus – eines Tages so getan, als ob sie schreckliche Angst vor Gespenstern hätte. „Du, dort unter dem Stuhl befindet sich ein Drache und unter dem Tisch ist ein grauenhaftes Gespenst!" Das habe endlich gewirkt. Die Tochter sei in Gelächter ausgebrochen und habe gesagt: „Mama, unter dem Stuhl ist doch kein Drache und ein Gespenst sehe ich überhaupt nirgends." So sei das noch eine Weile weitergegangen und innerhalb einiger Wochen sei die Gespenster-Angst völlig verschwunden gewesen.

2.3.1.3 Spiegeln mit Handpuppen

Eine interessante Variante besteht darin, ein Symptom nach außen zu verlagern, um es kreativer gestalten zu können. Besonders geeignet ist dieses Vorgehen bei der Arbeit mit Kindern. So kommt der spielerische Charakter deutlicher zum Ausdruck. Sehr passend dazu sind Handpuppen. Es empfiehlt sich, ein Tier auszuwählen, das zum Symptom des Kindes passt. Die Therapeutin verkörpert nun das Tier, stellt das Symptom dar, spiegelt dabei das Verhalten des Kindes, manchmal in normaler Art, manchmal auf humorvolle und übertriebene Weise. Dadurch kommt das Kind fast automatisch in die helfende Rolle, es therapiert sein Symptom gewissermaßen selbst und aktiviert auf spielerische, unbewusste Art seine eigenen Ressourcen. Ein Beispiel zur Illustration:

Daniel, ein schüchterner, 6-jähriger stotternder Junge spricht mit einem ängstlichen Mäuschen (von mir gespielt).

Mäuschen: *Ha-Ha-Hallo.*

Daniel: *Hallo.*

Mäuschen: (zurückhaltend und ängstlich) *Hast du gehört? Ich stottere. Bist du nicht erschrocken?*

Daniel: *Nein.*

Mäuschen: (verärgert) *Ich fi-fi-fi-finde mein Stottern ganz schlimm.*

Daniel: *Nein, nein. So schlimm ist das nicht.*

Mäuschen: (mit zitternder Stimme) *Und wenn die anderen mich auslachen, dann ist es schlimm. Soll ich dann vielleicht ins Bett gehen und weinen?*

Daniel: *(lacht) Nein.*
Mäuschen: *Wenn sie mich auslachen, ha-ha-ha-habe ich keine Idee, was ich tun könnte. Ich bin halt ein Angstmäuschen.*
Daniel: *Hmmm.*
Mäuschen: *Bist du auch so ein Angstmäuschen wie ich?*
Daniel: *Nein.*
Mäuschen: *(mit leiser Stimme) Was machst du denn, wenn du ausgelacht wirst?*
Daniel: *Ich sage es den anderen, dass ich das nicht gern habe.*
Mäuschen: *(verwundert) Du wagst das? Kann man das? Darf man das?*
Daniel: *Ja, natürlich.*
Mäuschen: *Wagst du das auch mit lauter Stimme?*
Daniel: *Natürlich.*
Mäuschen: *Ich habe aber noch nichts gehört. Wagst du es wirklich?*
Daniel: *Sicher. (mit lauter Stimme) Ich heiße Daniel.*
Mäuschen: *Toll, wie du das machst. Das werde ich auch tun. Und wenn diese blö-blö-blöden Wörter nicht aus dem Mund kommen wollen, nervt mich das. Da kann man halt nichts machen.*
Daniel: *Doch, man kann es immer wieder versuchen.*
Mäuschen: *Ah, wenn man es immer wieder versucht, dann klappt es. Du hast ganz tolle Ideen. Ich gehe nun zu meinem Freund, und wenn er mich auslacht, werde ich es ihm sagen, dass mich das stört. Danke und bis bald.*
Daniel: *Tschüss.*

Auch bei Menschen mit geistiger Behinderung sind Handpuppen ein ideales Mittel für die Anwendung von Humor und Überraschung:

Mario, ein 7-jähriger Junge mit Down-Syndrom, will die Socken und Schuhe nicht selbst anziehen. Die Schlangen-Handpuppe spricht: „Weißt du was, Mario, ich glaube, du kannst deine Socken gar nicht selbst anziehen. Das hast du wahrscheinlich noch gar nie gemacht!" Mario hört aufmerksam zu, nimmt dann seine Socken und zieht sie an. Die Schlange staunt anerkennend: „Oho, oho. Das hätte ich nicht gedacht, dass Mario das kann!" Der Junge lächelt.

Wer sich nicht traut, im Kontakt mit Kindern witzige und freche Bemerkungen zu äußern, findet in Handpuppen eine ideale Hilfe. Handpuppen sind vielseitig einsetzbar. Sie können spiegeln, Quatsch veranstalten, Fehler begehen, übertreiben und necken. Einerseits provoziert man mittels Handpuppe, andererseits bieten sie die Gelegenheit, das Kind dabei zu unterstützen, sich gegen die Äußerungen der Handpuppe zur Wehr zu setzen.

2.3.2 Das Weltbild karikieren

Das Welt- und Menschenbild jedes Menschen ist einzigartig. Jede Person hat aus der Summe ihrer Lebenserfahrungen gute Gründe, sich genau so zu verhalten und so zu denken, wie es im Moment der Fall ist. Es ist deshalb nicht einfach, neue Verhaltens- und Denkweisen anzunehmen. Wird der momentane Zustand zu wenig gewürdigt oder akzeptiert, geschieht in einer Beratung manchmal wenig Veränderung. Werden Klienten zu sehr animiert, neue Seiten zu entdecken, kann sich ebenso Widerstand regen.

In vielen Situationen ist es wirksamer, den anderen in seiner Gedanken- und Gefühlswelt zu verstehen und zu akzeptieren. Es lohnt sich, in neutraler Art in der Gedankenwelt des andern zu wandern. In einem weiteren Schritt können das Weltbild des Gegenübers auf wohlwollende Art karikiert und die negativen Seiten, Gedanken und Einstellungen auf spielerische, humorvolle Weise dargestellt und ad absurdum geführt werden (vgl. Höfner 2004: 126-133). Auf diese Weise entdecken die Klientinnen und Klienten ihre positiven Seiten und erfolgreiche Alternativen zu ihren bisher gescheiterten Lösungsversuchen. Wenn eine Person beispielsweise von sich denkt, sie sei hässlich, bewirkt es oft wenig, wenn ihr gesagt wird, sie sei hübsch. In vielen Fällen ist es wirkungsvoller, neckend beizupflichten: „Ja, du bist sehr hässlich." Dies weckt den Widerstandsgeist. Indem den negativen, selbstschädigenden Gedanken der Klienten beigepflichtet wird, oft mehr als diesen lieb ist, beginnen sich die Klienten für das Positive einzusetzen.

Folgende Elemente helfen beim Karikieren:

- In das Weltbild des anderen einsteigen (wandern in der Denk- und Gefühlswelt des anderen, wertfreie Einfühlung)
- Gedanken des Klienten voll und ganz unterstützen, übertreiben und globalisieren
- Bezüglich der Einstellung gegenüber Problemen, Personen etc. die beiden Pole formulieren

- Gedanken des Klienten als Tatsachen hinstellen, jedoch ohne daran zu glauben
- Sich verbal und nonverbal inkongruent verhalten (verbal dem Klienten beipflichten, nonverbal eigene Haltung vertreten)
- Körperhaltung und Stimme des Klienten imitieren

Drei Beispiele zur Illustration:

Herr M. hatte eine Riesenangst vor seinem Referat im Weiterbildungskurs. Mit ängstlicher, zerbrechlicher Stimme meinte ich: „Nun, es kann tatsächlich eine Menge schiefgehen bei so einem Vortrag." Interessanterweise beruhigte mich Herr M.: „Warum soll es schiefgehen? Es hat ja schon öfters bestens geklappt." Ich fragte skeptisch: „Sie haben schon Vorträge überlebt?" Herr M. meinte: „So schlimm sind Vorträge gar nicht." Wieder legte ich Kohlen ins Feuer: „Nun, man könnte stocken. Man könnte nervös sein. Man könnte sogar sehr, sehr nervös sein. Die meisten Menschen sind sogar so nervös bei einem Referat, dass sie tot zusammenbrechen." Herr M. nahm mich nicht mehr ernst. Er lachte und meinte: „Ich bin sicher, dass ich es überleben werde." Und wieder forderte ich ihn heraus: „Sie könnten das Referat als Letzter machen. Dann können Sie die nervliche Anspannung vor dem Ereignis möglichst lange genießen."
Das Ende der Geschichte? Herr M. hat den Vortrag überlebt. Er hat ihn sogar als Zweiter der Gruppe absolviert und eine gute Rückmeldung bekommen. Unser Gespräch, so meinte er später, habe ihm geholfen, den Vortrag nicht allzu ernst zu nehmen.

Der 13-jährige Timo war es über viele Jahre gewohnt, dass seine Mutter die Kontrolle und Verantwortung für seine Hausaufgaben übernommen hatte. Stolz erklärte er mir, er habe die Hausaufgaben in letzter Zeit völlig selbstständig erledigt. „Du hast deine Hausaufgaben selbst gemacht? Du ganz allein? Ist das nicht ein Riesenfehler?", fragte ich den 13-Jährigen mit schelmischem Blick. „Möchtest du nicht wieder versuchen, dass die Mutter alle Aufgaben für dich erledigt? Vielleicht würde sie sogar für dich die Schule besuchen? Wäre doch viel einfacher, oder? Am besten, du brichst beim Lösen der Hausaufgaben ohnmächtig zusammen. Dann erledigt die

Mutter alles für dich." Wie meist bei provokativen Vorschlägen setzte sich Timo für das Gegenteil meiner Äußerungen ein. Lachend meinte er: „Nun, ich möchte ja bald meine Lehrstelle bekommen. Es ist vielleicht doch sinnvoll, wenn ich in Zukunft selbstständiger werde."

Selina, ein 10-jähriges, zurückhaltendes Mädchen, wird von ihrer Mutter immer wieder unterbrochen. Die Therapeutin hat eine Hausaufgabe für die Mutter und sagt zu Selina: „Meinst du, deine Mama schafft es eine Woche, dich alleine sprechen zu lassen? Ich glaube, das wird sehr schwierig. Vielleicht kannst du ihr helfen und ihr einen Stups geben, wenn sie dich wieder unterbricht?"

2.3.3 Bilder und Geschichten verwenden

Bilder und Geschichten sprechen unsere rechte Hirnhälfte und unbewusste Seite an. Sie prägen sich besonders intensiv ein und kommen uns im Alltag in vielen Situationen in den Sinn (vgl. Watzke 2008: 125-130). Es ist deshalb in Therapien und Coachings von unschätzbarem Wert, viele Bilder und Geschichten anzubieten. Bilder können wiederholt eingesetzt werden, ohne dass sie langweilig werden oder ihre Kraft verlieren. Auch eignen sie sich wunderbar für Übertreibungen (vgl. Höfner 2011: 109-112).

Eine interessante Variante beschreibt Watzke (2008, 128): Er beginnt seine Geschichten öfters mit der paradoxen Wendung: „Mir fällt gerade eine Geschichte ein. Wahrscheinlich hat sie gar nichts mit Ihnen zu tun, aber ich möchte sie Ihnen gerne erzählen."

Geschichten lösen schnell Gefühle aus und bleiben gut in unserem Gedächtnis haften. Ganz besonders geeignet sind humorvolle und berührende Geschichten. Berater tun gut daran, mehr auf ihre innere Stimme zu vertrauen und Assoziationen, Bilder und Geschichten, die ihnen während des Beratungsgesprächs einfallen, spontan zu äußern.

Anwendungsmöglichkeiten von Bildern und Geschichten:

- Assoziationen und Bilder spontan mitteilen, z. B.: *„Sie sagen das wie ein Baby. So süß."*
- Anekdoten und Geschichten zum Gesagten erzählen, z. B.: *„Da fällt mir die Frau ein, die nach einer Enttäuschung in der Liebe nur noch Fische züchtete und Briefmarken sammelte. Mit 80 heiratete sie ihren Lieblingsfisch."*
- Zukunftsszenarien bildhaft beschreiben, z. B.: *„Ich sehe Sie als 80-jährige Person, wie Sie strickend im Lehnstuhl sitzen und bedauern, was Sie in Ihrem Leben alles nicht getan haben."*
- Ängste und Sorgen in Geschichten mit schlimmem Ende thematisieren, z. B.: *„Ich habe mal von einem Mann gehört, der sich pro Tag 360-mal entschuldigt hat."*
- Bilder ausschmücken und übertreiben, z. B.: *„Sie sind süßer und schwächer als ein Baby."*
- Äußerungen des Klienten laufend einbeziehen

Auch hierzu zwei Beispiele zur Illustration:

Frau S. war anfänglich sehr zurückhaltend, scheu und unsicher. Wir sprachen deshalb über Entfaltungsmöglichkeiten. Erste mutige Schritte, diese umzusetzen, unternahm Frau S. an ihrer Arbeitsstelle. Dies war eine ideale Gelegenheit, um ihr viele Komplimente zu machen.
Frau S. schätzte es sehr, wenn ich ihr einfach nur zuhörte. Sie war sehr interessiert an meinen Gedanken und Gefühlen. Manchmal forderte ich sie heraus, indem ich frech, aber doch mit warmer Stimme sagte: „Ach, wie langweilig für mich. Ich muss wieder mit dem kleinen, langweiligen Vögelchen sprechen." Dann imitierte ich ihre überangepasste Art und setzte meine Rede mit zerbrechlicher und säuselnder Stimme fort: „Sind Sie noch immer dieses niedliche, brave Vögelchen? Passen Sie auf, wenn die Adler oder Tiger kommen, dann werden Sie aufgefressen!" Interessanterweise entgegnete Frau S. dann: „So schwach und brav, wie Sie meinen, bin ich gar nicht."
Ein paar Monate später bekam ich eine Mail-Nachricht von ihr: „Ich bin nun schon zu 85 % ein Adler und kein Vögelchen mehr. Liebe Grüße Frau S.". Da wusste ich: Sie hat es geschafft.

Die 70-jährige Frau M. verbrachte ihre Tage meistens allein zu Hause. Sie fühlte sich einsam, litt unter Depressionen und fand einzig Trost beim Fernsehen. In opernähnlichen Arien sang ich: „Ja, Frau M., das Leben ist schrecklich und langweilig. So langweilig! So schrecklich! So gemein!" Frau M. nickte und lachte.
Später machte ich ihr eine Heirat mit dem Fernseher schmackhaft: „Nun gut. Sie sagen ihm heute Abend: ‚Mein allerliebster Fernseher, ich möchte dich gerne heiraten. Denn du allein machst mein Leben interessant und farbig. Bitte nimm mich zur Frau'!" Das fände ihr Fernseher bestimmt wundervoll. Frau M. musste herzhaft darüber lachen.
Ein anderes Mal erzählte ich ihr von einer Frau in den Schweizer Bergen, die von ihrem Verlobten verlassen wurde und danach die restlichen 70 Jahre ihres Lebens im Bett verbrachte und die ganze Zeit gepflegt wurde. Dann sagte ich zu Frau M.: „Das könnte ja auch etwas für Sie sein. Die nächsten 20 Jahre bleiben Sie nur noch im Bett. Ein bisschen langweilig vielleicht, aber ziemlich weich und bequem." Interessanterweise war Frau M. nicht verletzt wegen meiner Äußerungen, denn sie spürte, dass ich sie sehr schätzte und ihr viel Veränderung zutraute. Vielmehr bewirkte mein ironisch gemeinter Vorschlag, dass sie sich um einen regelmäßigeren und offeneren Kontakt mit ihren Kindern bemühte und an Seniorinnenanlässen teilnahm.
Am Ende der Therapie schrieb Frau M. in ihrer Rückmeldung: „Ich kann es nicht in Worte fassen, aber irgendetwas in meinem Herzen hat sich verändert. Obwohl ich mir oft viele freche Äußerungen von Ihnen anhören musste, fühlte ich mich von Ihnen viel besser verstanden als beim Psychiater. Ich habe in den Beratungen viel gelacht und sehe nun alles in anderen Farben."

Für andere Personen eine passende Geschichte zu suchen und sie ihnen vorzulesen oder per Post zuzusenden ist im Zeitalter des Internets zu einer einfachen Sache geworden und kann große Veränderungen bewirken. Im Folgenden ein paar Geschichten, die sich für viele Lebenssituationen eignen:

Die Geschichte mit dem Hammer (Watzlawick 2006, 37-38)

„Ein Mann will ein Bild aufhängen. Den Nagel hat er, nicht aber den Hammer. Der Nachbar hat einen. Also beschließt unser Mann, hinüberzugehen und ihn auszuborgen. Doch da kommt ihm ein Zweifel: Was, wenn der Nachbar mir den

Hammer nicht leihen will? Gestern schon grüßte er mich nur so flüchtig. Vielleicht war er in Eile. Aber vielleicht war die Eile nur vorgeschützt, und er hat etwas gegen mich. Und was? Ich habe ihm nichts angetan; der bildet sich da etwas ein. Wenn jemand von mir ein Werkzeug borgen wollte, *ich* gäbe es ihm sofort. Und warum er nicht? Wie kann man einem Mitmenschen einen so einfachen Gefallen abschlagen? Leute wie dieser Kerl vergiften einem das Leben. Und dann bildet er sich noch ein, ich sei auf ihn angewiesen. Bloß weil er einen Hammer hat. Jetzt reicht's mir wirklich. – Und so stürmt er hinüber, läutet, der Nachbar öffnet, doch noch bevor er ‚Guten Tag' sagen kann, schreit ihn unser Mann an: ‚Behalten Sie sich Ihren Hammer, Sie Rüpel!'"

Oder die Geschichte von der Elefantenvertreibung, in der ein Mann in der Fußgängerzone steht und alle 10 Sekunden in die Hände klatscht:

Die Elefantenvertreibung (Watzlawick 2006, 53)

„Nach dem Grunde für dieses merkwürdige Verhalten befragt, erklärt er: ‚Um die Elefanten zu verscheuchen.' ‚Elefanten? Aber es sind doch hier gar keine Elefanten.' Darauf er: ‚Na, also! Sehen Sie?'"

Beide Texte aus: Paul Watzlawick: Anleitung zum Unglücklichsein. © 1983 Piper Verlag, München (5. Auflage 2024). Mit freundlicher Genehmigung

Die zwei Wölfe (Watzke 2008, Klappentext)

„Ein Jüngling kommt zu einem weisen, alten Schamanen und fragt diesen: ‚Sag mal, kannst du mir sagen, was in uns Menschen, in unserem Inneren, in unserer Seele vor sich geht?'

‚Mein Sohn, das ist so: Jeder Mensch trägt zwei Wölfe in sich; einer verkörpert das Gute, die Liebe, die Freude, die Güte, das Mitgefühl, die Hilfsbereitschaft, das Verzeihen; der andere verkörpert alles Schlechte und Üble in uns, den Neid, den Hass, die Gier, den Zorn, die Rücksichtslosigkeit. Diese beiden Wölfe in uns bekämpfen einander fortwährend.'

Darauf der Jüngling: ‚Schön und gut, aber wer gewinnt denn nun von beiden?'

‚Es gewinnt der Wolf, den du fütterst.'"

aus: Ed Watzke: Wahrscheinlich hat diese Geschichte gar nichts mit Ihnen zu tun. © 2008 Forum Verlag Godesberg, Mönchengladbach. Mit freundlicher Genehmigung

3 Paradoxe Interventionen

Werden Menschen dazu animiert, problematisches Verhalten fortzusetzen oder es sogar zu verstärken, neigen sie oft dazu, sich auf neue Verhaltensweisen einzulassen (vgl. Gruntz-Stoll 1997: 99-102). Eine neue Verhaltensweise – oft sogar eine absurde oder unkonventionelle – kann die Blockierung durch sich ständig wiederholende Lösungsversuche aufheben. Dies ist das Geheimnis, warum mit paradoxen Interventionen oft binnen kürzester Zeit große Entwicklungen in Gang gesetzt werden können.

Provokativ-humorvolle Äußerungen lassen sich auf interessante Weise mit paradoxen Interventionen kombinieren, indem z. B. die Vorteile eines Symptoms in übertriebener, humorvoller Art präsentiert werden und der andere angewiesen wird, diese Vorteile wenn möglich zu vergrößern, indem er noch mehr Symptome herbeiführt. Ab einem bestimmten Punkt gelingt es nicht mehr. Auch wenn ich andere auf paradoxe Weise zur Wiederholung einer problematischen Verhaltensweise auffordere, beruhigen sich manche Situationen innerhalb kürzester Zeit. Erstaunlicherweise gelingt es den meisten Personen nicht mehr, ihre Probleme spontan zu produzieren, wenn sie dazu animiert werden. Das bringt uns jeweils alle zum Staunen und Lachen.

Paradoxe Interventionen eignen sich ganz besonders in festgefahrenen Situationen, bei Widerstand und beim Auftreten von chronischen Problemen (vgl. Gruntz-Stoll 1997: 100). Watzlawick (2006) beschreibt eine Unmenge widersprüchlicher, paradoxer Lebenssituationen und doppelbödiger Kommunikationsformen, die mit üblichen Mitteln nur schwer zu lösen sind, mit paradoxen Strategien aber in vielen Fällen durchbrochen werden können.

Wenig geeignet sind paradoxe und provokative Interventionen in den ersten Phasen akuter Problematiken (z. B. bei einem Todesfall oder bei einem erschütternden Lebensereignis). Dann ist Stabilisierung wichtig. In solchen Situationen brauchen Klienten wieder Boden unter den Füßen.

Illustrationen mit freundlicher Genehmigung von ©Peter Gaymann, Schäftlarn, www.gaymann.de

Paradoxe Interventionen können Klienten auch selbst anwenden. Sich Probleme in übersteigerter, absurder Form vorzustellen, bis man selbst darüber lachen muss, kann sehr wirksam sein. In der von Viktor Frankl begründeten Logotherapie wird diese Form unter dem Begriff „paradoxe Intention" mit Erfolg praktiziert (vgl. Lukas 2001: 73-77, Titze 2003: 76-77). Nach Frankl (1975: 185) sollte sich ein Patient, der an einer Angststörung leidet, sagen: „Heute gehe ich einmal aus, um mich vom Schlag treffen zu lassen."

Formen paradoxer Interventionen (vgl. Höfner 2004: 113-118):

- Das Symptom verstärken, sich bewusst des Symptoms bedienen und seine Vorteile als Machtmittel einsetzen. Die „Spiele, die man spielt" sollen voll ausgekostet werden.
- Von Veränderung abraten (insbesondere bei kleiner Veränderungsmotivation), die Nachteile einer allfälligen Veränderung hervorheben, die Vorteile der Veränderung herunterspielen, Verführung zur Rückkehr zum alten Verhalten.
- Zur Beibehaltung der Wachstumsbremsen animieren *(„Dafür sind Sie viel zu perfektionistisch!" „Bei Ihrem geringen Selbstvertrauen ist es viel besser, wenn Sie sich dominieren lassen!" „Für so etwas sind Sie doch viel zu schwach!" „In Ihrem Alter sollten Sie wirklich nichts Neues mehr wagen!")*
- Etwas infrage stellen, was der andere nicht infrage gestellt haben möchte *(„Da Sie eine so seltsame Frisur tragen ...", „Andere haben Ausdauer, aber für Sie ist es viel besser ...", „Da Sie so wenig Durchsetzungsvermögen besitzen, ist es für Sie viel sinnvoller ...")*

3.1 Probleme genießen und verstärken

Um paradoxe Interventionen wirkungsvoll anwenden zu können, ist es von großem Nutzen, mehr über die Vorteile der Symptome und Probleme zu wissen und kreative Anregungen für deren Verstärkung zu entwickeln. Im Folgenden sind einige häufig auftretende Schwierigkeiten exemplarisch aufgelistet:

Problem	1. Vorteile des Symptoms/Problems
Wenig Selbstvertrauen	■ Man muss nicht aktiv sein ■ Das Positive muss nicht gesehen werden ■ Man muss sich nicht zeigen ■ Helferinnen und Helfer werden aktiviert ■ Man muss wenig Risiko eingehen, muss keine Selbstverantwortung übernehmen ■ Andere können Macht ausüben ■ Öffnet den Blick für eigene Schwächen ■ Man ist sozial: Andere bauen sich so auf ■ Die Bodenhaftung geht nicht verloren ■ Man kann nicht noch tiefer fallen ■ Niemand muss vor einem Angst haben
Häufiger Streit in der Partnerschaft	■ Der Partner ist präsent ■ Man ist in Kontakt ■ Streit ist Zeichen von Liebe und Zuwendung ■ Versöhnung ist umso schöner ■ Streit ist spannend ■ Man sagt sich, was man denkt ■ Kinobesuch kann gespart werden ■ Man muss sich nicht trennen und scheiden ■ Gutes Stimmtraining ■ Man muss sich nicht umarmen ■ Streit ist Unterhaltung für die Kinder ■ Die Beziehung bleibt lebendig
Erziehungsschwierigkeiten	■ Kinder entwickeln starken Charakter ■ Das Weltbild der Eltern wird erweitert ■ Kinder bekommen Aufmerksamkeit ■ Eltern müssen sich nicht durchsetzen ■ Eltern müssen keine Grenzen setzen ■ Man hat spannende Stunden zu Hause ■ Kinder genießen großen Freiraum ■ Kinder dürfen ihren Egoismus ausleben ■ Archaische Bedürfnisse kommen zum Zug

2. Vorschläge für die Verstärkung

- Zehn Meinungen einholen und erst handeln, wenn sich alle einig sind
- Anmeldung im Altersheim
- Einfachen Job (reinigen etc.) suchen
- In einen Club der Ja-Sager eintreten
- Windeln anziehen, da dies zur kindlichen Stimme passen würde
- Sich gar nichts mehr zutrauen, dann übernehmen die anderen alles
- Liste von Unzulänglichkeiten und Mängeln erstellen
- Nur noch eigene Schwächen sehen

- Streitprotokoll verfassen
- Streit ausdehnen auf Nacht, Bar etc.
- Neues Geschirr einkaufen
- Scheidungskasse: Bei jedem Streit vorsorglich 5 € in die Kasse geben
- Streit in die Agenda eintragen, damit er nicht vergessen geht
- Helm und Ritterrüstung einkaufen
- Ausstellung von Streitobjekten
- Eintritt für Streitereien verlangen
- Streitzentrum eröffnen
- Auf jede Äußerung gereizt reagieren

- Rollentausch von Eltern und Kindern
- Kinder sollen einen Tag lang nicht gehorchen
- Kinder sollen immer das Gegenteil tun
- Eltern sollen sich nicht an Regeln halten
- Kinder sollen sich andere Eltern suchen
- Bei jedem Ungehorsam gehen die Kinder 10 Minuten später ins Bett
- Eine Woche lang das Gegenteil des gewünschten Verhaltens zeigen

3.2 Provokative Zitate, witzige Cartoons und paradoxe Texte

Freche Zitate, witzige Cartoons und humorvolle Sprüche eignen sich bestens für Wartezimmer, WC und Wohnstube. Es lohnt sich, eine eigene Sammlung anzulegen. Sowohl in Beratungen als auch im Alltag können freche, erheiternde und provokative Zitate und Texte festgefahrene Situationen entschärfen und aus Blockaden führen. In vielen Fällen erzielt man damit eine viel größere Wirkung als mit vielen weisen Sprüchen, belehrenden Worten oder wohlgemeinten Ratschlägen. Nicht von ungefähr erzielte Watzlawick mit seinem Buch „Anleitung zum Unglücklichsein" einen Welterfolg. Gerade solche Texte können sich als echte Hilfe-Ratgeber erweisen, weil sich viele Leser entlarvt fühlen und sich bemühen, die in den Texten aufgeführten Fehler zu vermeiden. Ein paar Beispiele zur Illustration:

Selbstzerstörung leicht gemacht

Der amerikanische Autor Bill L. Little (2010, 29-39) lädt seine Leser dazu ein, sich aus einem ganz neuen Blickwinkel mit ihrem Gemütszustand zu beschäftigen. Depressionen, Ängste und schlechte Stimmung sind für einmal die eigentlichen Ziele des Lebens. Der Ratgeber hebt sich angenehm von vielen anderen ab, die die Probleme unmittelbar ins Auge fassen und damit bei Betroffenen oft auf viele Abwehrreaktionen stoßen. Das Buch zeigt anschaulich, wie man paradoxe Interventionen mit Humor kombiniert. Auf unterhaltsamen 180 Seiten berichtet der Psychotherapeut in der Theorie und Praxis, wie man sein Leben besonders schnell ruiniert – oder es eben doch in den Griff bekommt, indem man genau das Gegenteil von dem tut, was dieses Buch rät.

1. Spielen Sie leise, traurige Musik!
2. Drehen Sie das Licht herunter!
3. Konzentrieren Sie sich auf das Negative!
4 Bleiben Sie so oft wie möglich allein!
5. Erinnern Sie sich an Ihre schlechten Taten!
6. Denken Sie an all die guten Dinge, die Sie hätten tun können!
7. Versuchen Sie das Unmögliche!
8. Weigern Sie sich, Wutgefühle zuzugeben!
9. Umgeben Sie sich mit depressiven Menschen!
10. Vermeiden Sie jeden Blickkontakt!
11. Üben Sie sich im Kreisdenken!

Die Kluft zwischen den Generationen zementieren

Auch für die Erziehung liefert Little (2010, 79-84) bewährte Techniken, um verkorkste Beziehungen zwischen Erwachsenen und Kindern zu garantieren:

1. Verbieten Sie Kindern den Mund!
2. Greifen Sie Kinder persönlich an!
3. Machen Sie Kinder lächerlich!
4. Setzen Sie Kindern unerreichbare Ziele!
5. Stoßen Sie leere Drohungen aus!
6. Seien Sie nie zufrieden!
7. Spielen Sie Ihre Macht aus!
8. Vermeiden Sie jede Form von Ermutigung!
9. Schwärmen Sie von den guten alten Zeiten!
10. Schützen Sie Ihre Kinder vor den Konsequenzen ihres Handelns!

Paarprobleme auskosten

Paarbeziehungen bieten einen besonders fruchtbaren Nährboden für Probleme. Little (2010, 56-59) bietet Hilfestellungen, wie Paarprobleme ausgekostet werden können:

1. Würgen Sie jede Kommunikation sofort ab!
2. Beharren Sie auf Ihren Behauptungen!
3. Lernen Sie, wie man überreagiert!
4. Treiben Sie den anderen in die Defensive!
5. Äußern Sie sich so, dass Ihr Gegenüber sich infrage gestellt fühlt!
6. Beginnen Sie damit, jegliche Verantwortung abzulehnen!
7. Lassen Sie nicht zu, dass ein Thema vernünftig zu Ende diskutiert wird!
8. Nerven Sie mit unsinnigen Antworten!
9. Erlernen Sie die Kunst der passiven Kommunikation!
10. Schweigen Sie!

Tipps zur Chronifizierung eines Problems

Festgefahrene Verhaltens- und Denkmuster prägen das Leben vieler Menschen und bilden einen idealen Nährboden für chronische Symptome und Probleme. Die ewig gleichen Lösungsversuche zementieren den scheinbar ausweglosen Zustand. Viele Menschen fühlen sich in der Folge ohnmächtig und sehen nicht, was sie alles tun, um ihr Problem am Leben zu erhalten. Es kann deshalb von großem Nutzen sein, sich paradoxe Anregungen zur Chronifizierung eines Problems vor Augen zu führen (vgl. Schlippe 2016, 170-172):

- Betrachten Sie sich als Opfer vergangener Erlebnisse und momentaner Umstände!
- Konzentrieren Sie sich darauf, was unverändert geblieben ist!
- Betrachten Sie vor allem das Negative, die Fehler und Defizite!
- Achten Sie nicht auf Fortschritte, ganz egal ob sie groß oder klein sind!
- Vermeiden Sie Veränderungen! Tun und denken Sie stets das Gleiche!
- Betrachten Sie Ihr Verhalten und das anderer Menschen nie aus verschiedenen Perspektiven, sondern immer als Ausdruck unveränderbarer Zustände!
- Machen Sie sich viele Sorgen um die Zukunft!
- Denken Sie stets daran, dass Sie keine einzige Wahlmöglichkeit haben!
- Verkleinern Sie Stufe für Stufe Ihren Freundeskreis!
- Glauben Sie nicht daran, dass Sie einen Einfluss auf die Ihre Zukunft haben! Einzig die Vergangenheit bestimmt Ihr Leben.

Wie du das Leben schwer machen kannst

Marshall Rosenberg (2016), der Begründer der gewaltfreien Kommunikation, setzte während seines Lebens viele wertvolle Impulse für ein friedliches Miteinander auf dem Planeten Erde. Er nutzte dafür manchmal paradoxe Instruktionen und regte die Menschen überspitzt zu Verhaltensweisen an, die ihr Leben unnütz erschweren.

Denke schlecht über andere!
Beschwere dich und jammere viel!
Sage, was du Schlechtes über die anderen denkst!
Versuche, die andern zu ändern!
Verwende Kritik, Drohung und Strafe, um die andern zu ändern!
Denke schlecht über dich!
Denke, was die Leute über dich denken!

3.3 Beispiele

Paradoxe Vorschläge können in beraterische Gespräche einfließen. Auch hier fünf Beispiele:

Herr M. machte einen überbesorgten Eindruck. Würde er seinen Chef zufriedenstellen können? Wie in aller Welt könnte er eine passende Partnerin finden? Und immer wieder Ängste wegen drohenden Krankheiten. Könnte der Druck im Bauch nicht auf Krebs hindeuten?
Die Lenkung des Blicks auf seine Stärken und auf bereits errungene Fortschritte half, alt vertraute Teufelskreise zu durchbrechen und nicht aufzugeben. Nach und nach entwickelte Herr M. Humor gegenüber seinen eigenen Problemen und Ängsten. Er ließ sich gerne auf spielerische Art herausfordern. So sagte ich Herrn M. schelmisch, dass ein Leben ohne all die vielen Sorgen viel zu langweilig sei. Er solle sich im Gegenteil neue Sorgen ausdenken, so sei das Leben viel, viel spannender. Ich zählte all die möglichen Krebsarten auf, die er sich allabendlich vor Augen führen könnte. Herr M. lachte und besänftigte seine selbstschädigenden Gedanken mit einem Schmunzeln: „Es gibt Interessanteres, als sich Sorgen auszudenken. Überhaupt muss ja jeder irgendwann mal sterben. Also, was soll's?"

Corina zählte 9 Jahre, zeigte oft einen ernsten und angespannten Gesichtsausdruck. Sie besuchte die logopädische Therapie seit einem Jahr. Corina litt unter sekundenlangen Stotterblockaden und neigte zu Perfektionismus. Beide brachen wir in Gelächter aus, als ich Corina versprach, sie bekäme von mir eine Schokolade, falls sie in den nächsten fünf Minuten echt stottern könne. Dies gelang ihr nicht, was uns beide in großes Staunen versetzte.
Nach den vereinbarten fünf Minuten setzte das Stottern wieder ein. Immer, wenn wir von diesen fünf Minuten sprachen, mussten wir darüber schmunzeln.

Frau G., 25 Jahre alt, klagte über depressive Verstimmungen und beschwerte sich, sie sei noch nie glücklich verliebt gewesen. „Kein Wunder", sagte ich, „bestimmt sprechen Sie mit den Männern, wenn Sie mit Ihnen ausgehen, auch mit dieser Mäuschenstimme wie jetzt mit mir. Was haben Sie denn Positives zu bieten?" Frau G. war perplex und konnte kaum Stärken von sich benennen. Das wollte sie ändern.
Ich neckte weiter mit säuselnder, liebevoller Stimme: „Männer machen bestimmt einen Bogen um Sie, wenn sie Ihre brave Frisur sehen und Ihre Mäuschenstimme hören."
In ihrer Rückmeldung am Ende der Therapie schreibt Frau G: „Ich habe meine Stärken entdeckt, bin nun frecher und direkter. Das Provozieren war am Anfang etwas gewöhnungsbedürftig, hat aber immer sehr viel Spaß gemacht. Ich bin so glücklich über meine Entwicklung."

Herr D. war seit vielen Jahren Single. Er wurde mir von seinem Arbeitgeber als merkwürdiger Einzelgänger beschrieben. Ich meinte zu Herrn D., für viele Frauen sei Schüchternheit und Stottern etwas sehr Interessantes, oft sogar Reizvolles und Liebenswertes. Gewisse jugendliche Stotternde seien beim weiblichen Geschlecht jedenfalls sehr beliebt und Kaffeemaschinen-Verkäufer hätten laut einer Studie viel mehr Erfolg, wenn sie beim Verkaufsgespräch stottern würden, statt fließend zu sprechen. Herr D. schaute etwas verwirrt, lachte aber. Immer wenn ich Herrn D. zu Beginn unserer Beratungsstunde nach seinen Wünschen fragte, meinte er: „Provozieren Sie mich, das erfrischt und animiert mich, spontaner und schlagfertiger zu werden."

Frau F. war seit längerer Zeit in Beratung, weil sie große Probleme bei der Erziehung ihres Sohnes plagten. Wir sprachen über Ausnahmen, über ihre Stärken und entwickelten in unseren Gesprächen neue Verhaltensvarianten. Alle Elemente des systemisch-lösungsorientierten Ansatzes kamen zur Anwendung. Nach einem Jahr war leider noch kein großer Fortschritt sichtbar. Frau F. skalierte ihr Durchsetzungsvermögen gegenüber ihrem 5-jährigen Sohn auf einer Skala von 1-10 nur mit Wert 3. „Aber Herr Amrein, was soll ich denn machen?", sagte sie. „Gestern rief ich meinen Sohn siebenmal und er hat überhaupt nicht darauf reagiert." Ich antwortete ihr: „Bei Ihrem geringen Durchsetzungsvermögen müssen Sie sich halt die nächsten zwanzig Jahre von Ihrem 5-jährigen Sohn dominieren lassen." Diese Äußerung von mir setzten bei Frau F. Kräfte in Bewegung, die den Skalenwert ihres Durchsetzungsvermögens innerhalb einer Woche von 3 auf 7 steigen ließ. Später meinte Frau F.: „Für diesen Satz war ich sehr dankbar. Er hat mir vor Augen geführt, dass ich dringend etwas ändern muss."

Es kann sehr wirkungsvoll sein, paradoxe Interventionen als Aufgabe mit nach Hause zu geben. Hier eine Auswahl:

- Aufgabe für eine Person, die viel kritisiert und beklagt: *„Jammern Sie täglich zwischen 19.30-20.00 Uhr vor der vollständig versammelten Familie!"*
- Aufgabe für eine perfektionistisch veranlagte Person: *„Sprechen Sie nur noch, wenn Sie Ihre möglichen Äußerungen vorher eine Stunde überdacht haben!"*
- Aufgabe für eine Person, die viel Gewinn aus dem Stottern zieht: *„Versuchen Sie zehnmal häufiger als bisher zu stottern, damit Sie noch mehr verwöhnt werden!"*
- Aufgabe für eine sehr ängstliche Person: *„Bleiben Sie nur noch im Bett! Dort ist es am sichersten."*
- Aufgabe für eine Person, die schon viele Lösungsversuche unternommen hat: *„Machen Sie eine Woche gar nichts! Das ist bei der Art Ihrer Probleme besonders hilfreich."*
- Aufgabe für eine Person, die anderen Menschen unsympathisch erscheint: *„Behandeln Sie alle Mitmenschen so, als ob es gute Freunde wären!"*
- Aufgabe für eine Person, die Konflikte meidet: *„Brechen Sie beim nächsten Konflikt ohnmächtig zusammen!"*
- Aufgabe für wenig durchsetzungsfähige Eltern: *„Tauschen Sie einen Tag lang die Rollen! Die Kinder sind die Eltern und die Eltern sind die Kinder."*

Diese Aufgaben paradoxer Art können ohne Weiteres mit anderen Ideen und Anregungen vermischt werden. Klienten schätzen es sehr, wenn sie eine Auswahl verschiedenster Ideen und Vorschläge erhalten.

4 Gespräche

Um sich ein besseres Bild machen zu können, sind im Folgenden längere Passagen von Therapien, Beratungen und Coachings aufgeführt. In allen erwähnten Beispielen werden provokative, paradoxe und humorvolle Komponenten besonders häufig angewandt. Im Alltag und in Beratungsgesprächen geschieht dies meist in viel geringerem Ausmaß. Die Häufigkeit ist individuell sehr verschieden und variiert von Person zu Person. In der Regel provoziere und lache ich nicht dauernd. Manchmal genügt schon eine einzige humorvolle, provokative Äußerung in einer Stunde. Es ist aber möglich und oft sehr wirkungsvoll, während längerer Sequenzen in provokativ-humorvollem Stil zu kommunizieren.

Im ersten Moment erscheinen meine Aussagen (Th) möglicherweise etwas hart. Sie sind jedoch immer mit warmem Ton und Charme ausgesprochen. Aus diesem Grund wirken sie nicht verletzend, sondern anregend, humorvoll und positiv aufrüttelnd.

4.1 „Ich züchte mir Sorgen wie Haustiere"

Der 16-jährige Fabian leidet unter geringem Selbstvertrauen, stottert, ist zurückhaltend und passiv. Wegen seines ausgeprägten Asthmas musste er verschiedene medizinische Untersuchungen absolvieren, was zu einer hypochondrischen Denkweise führte.

Aufgeführt ist ein Ausschnitt aus dem 12. Gespräch mit Fabian (die provokativen Strategien sind in Klammern vermerkt):

Th: *(Therapeut) Was ist dein Problem?*
Kl: *(Klient) Ich mache mir zu viele Sorgen.*
Th: *Sich Sorgen zu machen ist etwas sehr Unterhaltsames. Du verlierst etwas Spannendes, wenn du dir keine Sorgen mehr machst.* (umdeuten)
Kl: *(lacht) Wirklich?*

Th:	*Ja, sich Sorgen machen ist spannender als ein Krimi. Könnte ich Magenkrebs bekommen, einen Hirntumor oder vielleicht Lungenkrebs? Es gibt so viele Möglichkeiten.* (spiegeln und karikieren)
Kl:	*Ja, diese Dinge habe ich mir schon oft überlegt.*
Th:	*Wenn du dir all diese Gedanken nicht mehr machst, wird das Leben langweilig und leer wie eine Wüste.* (umdeuten)
Kl:	*Wieso? (scherzend) Dann kann ich mir ja neue Sorgen zulegen.*
Th:	*Du pflegst sogar Selbstironie. Wow!* (ehrliches Kompliment)
Kl:	*Humor hilft mir. Dann sehe ich es weniger dramatisch.*
Th:	*Gewisse Menschen halten sich Sorgen wie Haustiere.* (passendes Bild benennen)
Kl:	*Ja, ich.*
Th:	*Andere halten sich Haustiere. Du züchtest Sorgen.* (necken)
Kl:	*(lacht) Ich hätte auch lieber ein Haustier statt Sorgen.*
Th:	*Das ist weniger spannend.* (paradox intervenieren)
Kl:	*(blickt verwirrt) Was? Nein, nein.*
Th:	*„Schaffe ich die Lehre? Überlebe ich den Vortrag?" So hast du immer Spannung und Abenteuer in deinem Leben.* (Vorteile des Problems benennen)
Kl:	*(lacht) Es klappt ja meistens. Die Sorgen sind gar nicht angebracht.*
Th:	*Okay. Gibt es denn sonst noch ein Problem?*
Kl:	*(scherzend) Ja, dass mich der Therapeut anfällt.*
Th:	*(Ich tue so, als ob ich ihn packe.)*
Kl:	*(lacht) Autsch.*
Th:	*Gibt es sonst noch Probleme?*
Kl:	*Probleme und Sorgen gibt es immer wieder. Es kommt darauf an, ob man sie wie Haustiere züchtet oder sich dann sagt: „Das Grübeln bringt nicht viel."*
Th:	*Dein Leben wäre viel zu langweilig, wenn du dir keine Sorgen mehr machst.* (umdeuten)
Kl:	*(scherzend) Ich habe ja im Leben sonst nichts zu tun, außer die ganze Zeit zu meinen Sorgen zu schauen, dass es ihnen gut geht und sie sich nicht benachteiligt fühlen.*
Th:	*Die kleineren deiner Sorgen fühlen sich vielleicht benachteiligt. Du könntest ihnen ja sagen: „Ich mache dich jetzt von einer kleinen zu einer großen Sorge."* (paradox intervenieren)
Kl:	*(lacht) Ja, wenn die erste Sorge weg ist, kommt die nächste.*

Th:	*Du bekommst bestimmt eine Panikattacke, wenn du irgendwann mal keine Sorgen mehr hast. Dann wirst du dir sagen: „Was ist denn jetzt los? Jetzt ist plötzlich alles gut. Ich bin locker, zufrieden und entspannt. Hilfe, es muss eine Sorge her!“ Das wäre ganz schlimm.* (paradox intervenieren)
Kl:	*Vielleicht wird das irgendwann eintreten, dass ich keine Sorgen mehr habe.* *Wobei: Jeder Mensch hat seine Sorgen.*
Th:	*Das stimmt.* (echte Aussage)
Kl:	*Es kommt darauf an, ob man sie zu einer sehr großen Sorge macht oder ruhig nachdenkt, was man besser machen könnte.*
Th:	*Was ist denn zurzeit die größte Sorge?*
Kl:	*Mein Asthma und was daraus entstehen könnte.*
Th:	*Damit ich das richtig nachvollziehen kann, müsstest du ganz nervös dazu atmen und hyperventilierend sagen: „Das mit hhhe dem hhhe Asthma ist eine ganz hhhe große Sorge hhhe von mir.“* (übertreiben)
Kl:	*(lacht)*
Th:	*Und das Asthma entwickelt sich zu einem Lungenkrebs und der Lungenkrebs zu einem extrem schlimmen Tod.* (Schreckensszenario beschreiben)
Kl:	*(schaut verwirrt) Geht das?*
Th:	*Es geht alles.* (generalisieren)
Kl:	*Das glaube ich nicht. So abergläubisch bin ich nicht.*
Th:	*Bestimmt bist du einer der wenigen Menschen, die ewig auf diesem Planeten leben werden.* (sich bewusst dumm stellen)
Kl:	*(lacht) Das glaube ich nicht. Ich werde bestimmt einmal sterben. Und auch du wirst nicht ewig leben.*
Th:	*Nicht? (ich tue so, als ob ich große Angst bekomme) Ich könnte irgendwann sterben?*
Kl:	*Ja, das nehme ich an.*
Th:	*Nein. Bitte nicht. Ich will nicht sterben.* (spiegeln und übertreiben)
Kl:	*(scherzt) Willst du zu mir in die Therapie kommen? Ich bin jetzt ausgebildet in Provokativer Therapie.*
Th:	*(Ich tue weiterhin so, als ob ich Panik hätte.) Ich habe extreme Angst, ich könnte irgendwann sterben.*
Kl:	*Wieso ist das so schlimm?*
Th:	*Ich möchte unbedingt ewig auf dieser Erde leben. Bitte, ich will kein Asthma, keinen Lungenkrebs und keinen Herzinfarkt! Bitte, ich will nicht sterben.* (spiegeln)

Kl: *Aber das geht nicht.*

Th: *Das ist ja schlimm. Auch ich muss irgendwann sterben?* (sich weiterhin dumm stellen)

Kl: *(lacht) Hast du das nicht gewusst?*

Th: *Muss ich wirklich einmal sterben? Obwohl ich Therapeut bin?* (Gedanken ad absurdum führen)

Kl: *Ja, 100 % sicher. Obwohl du Therapeut bist.*

Th: *Vielleicht musst du ja nie sterben.* (äußern von geheimen Gedanken)

Kl: *Nein, nein. So läuft es nicht. Jeder Mensch hat seine bestimmte Altersgrenze und dann stirbt er. Du auch, ganz bestimmt.*

Th: *So schlimm.* (spiegeln)

Kl: *Oh, du bist ein Armer.*

Th: *Andererseits habe ich von einer Person gehört, die sogar auf dem Sterbebett noch gelacht hat.* (Geschichte erzählen)

Kl: *(lacht) Sehr schön.*

Th: *Vielleicht geht es ja nach dem Tod weiter und es wird noch schöner als hier auf der Erde.* (neue Sichtweise einbringen)

Kl: *Jeder Mensch soll seinen Lebenssinn suchen. Wenn er diesen erfüllt hat, kommt er in eine bessere Welt.*

Th: *Vielleicht hast du bis jetzt ein so schlimmes Leben geführt, dass du Angst vor dem Sterben haben musst.* (umdeuten)

Kl: *(scherzt) So brutal bin ich auch wieder nicht. Außer ich hätte irgendwann mal meinen Therapeuten angegriffen.*

Th: *Bis jetzt noch nicht. Aber mal sehen, wenn ich dich weiter provoziere.* (scherzen)

Kl: *(neckend) Nur zu, du kannst es schon versuchen.*

Th: *Wenn man provoziert, muss man ab und zu etwas bremsen, weil die anderen zu sehr darauf reagieren.* (Metakommunikation)

Kl: *Also, sie nehmen es sehr persönlich.*

Th: *Ja, genau. Du hast schon einen gewissen Abstand zu deinen Problemen.* (normale Aussage)

Kl: *Ich bin schon abgehärtet.*

Th: *Ist es gut, wenn man abgehärtet ist, oder sollte man dich mit Samthandschuhen anfassen?* (Metakommunikation)

Kl: *Keine Ahnung.*

Th: *Man kann zu wenig abgehärtet sein. Gewisse Menschen zerbrechen, weil sie zu zart sind. Du hast mir ja mal gesagt, du seist eine Mimose.* (Bild beschreiben)

Illustrationen mit freundlicher Genehmigung von ©Peter Gaymann, Schäftlarn, www.gaymann.de

Kl: *(mit leiser Stimme) Ja, ich bin ein sehr sensibler Mensch.*

Th: *Du könntest es noch etwas zarter sagen: „Ich bin ein sehr sensibler Mensch."* (spiegeln und paradox intervenieren)

Kl: *(lacht) Nein, danke.*

Th: *Du könntest das allen Menschen auf dieser Erde sagen. Auch beim Vorstellungsgespräch: „Hallo. Ich bin ein sehr sensibler Mensch."* (idiotischer Ratschlag)

Kl: *So erhalte ich keine Arbeitsstelle.*

Th: *Okay. Und wenn du mal eine Freundin hast, dann beginnt dein Sorgenkarussell von Neuem zu drehen: „Ist es die Richtige? Könnte es schieflaufen?"* (Zukunftsszenario beschreiben)

Kl: *Im Maß. Im richtigen Maß.*

Th: *Bestimmt sind schon alle deine Sorgen eingetroffen, deshalb vertraust du ihnen so sehr.* (generalisieren und eine absurde Schlussfolgerung ziehen)

Kl: *Ich vertraue nicht all meinen Sorgen.*

Th: *Du bist ja schon 20.000-mal gestorben, weil du 20.000-mal geglaubt hast, du würdest sterben.* (übertreiben)

Kl: *(lacht) Oh ja, ich bin ein fleißiger Sterbender.*

Th: *Deine Gedanken kreisen ständig um Krankheiten. Dann muss es doch so sein. Die Gedanken sind die absolute Wahrheit.* (pauschalisieren)

Kl: *Das stimmt nicht.*

Th: *Die allermeisten deiner Sorgen treffen irgendwann ein.* (karikieren)

Kl: *Nein, fast keine.*

Th: *Trotzdem glaubst du ihnen noch immer.* (spiegeln)

Kl: *Wenn ich mir Sorgen mache, treibt mich das auch zu gewissen Leistungen an. Wenn ich mich in der Schule vor Prüfungen mit gewissen Sorgen beschäftige, dann lerne ich mehr und die Noten werden besser. So haben sich die Sorgen gelohnt.*

Th: *Lohnen sich auch deine Sorgen wegen des Asthmas und der anderen Krankheiten?* (herausfordernde Rückfrage)

Kl: *Manchmal, falls ich es nicht übertreibe. Die Sorgen stacheln mich immerhin zum Sporttreiben an und zu einer gesunden Ernährung.*

Th: *Das ist sehr interessant. Wie war dieses Gespräch für dich?*

Kl: *Sehr unterhaltsam. Das Gespräch hat mich einen Schritt weitergebracht. Ich glaube, man darf das Ganze nicht zu ernst nehmen.*

Th: *Du darfst schon, wenn du möchtest.*

Kl: *Ja, wenn man möchte. Aber ob das so gesund ist? Wenn man das Ganze zu ernst nimmt und zu sehr an seine Sorgen glaubt, ist das bestimmt nicht so positiv für Körper und Geist.*

Th: *Man erzählt sich, dass ein Mann ähnliche Wundmale wie Jesus bekommen habe, nur weil er die ganze Zeit daran gedacht hat.* (eine Geschichte erzählen)

Kl: *Der Geist befiehlt, nicht wahr?*

Th: *Genau.*

Dieses Gespräch zeigt, dass nicht unentwegt provoziert werden muss. Humorvolle, provokative und paradoxe Elemente können kunterbunt mit üblichen Gesprächsformen kombiniert werden, ganz nach individuellen Vorlieben.
Fabian besuchte die Therapien während knapp zwei Jahren. Das Selbstvertrauen und der Redefluss hatten sich in dieser Zeit deutlich verbessert. Am Ende der Therapie konnte Fabian gut mit seinen Sorgen umgehen. Die hypochondrischen Züge waren verschwunden. Das Provozieren war für Fabian das Beste an der ganzen Therapie. Wann immer er etwas wünschen durfte, sagte er zu mir: „Provozieren Sie mich!" Fabian begann mich zu kopieren und erweiterte seinen Kommunikationsstil mit vielen humorvollen und provokativen Komponenten.

4.2 „Ich bin minderwertig"

Remo ist ein 19 Jahre alter Mann, der wegen eines Stotterproblems in die Therapie kam. Er arbeitet in einer Bank und macht begleitend zur Lehre die Berufsmatura. Zu Beginn der Therapie skalierte Remo verschiedene Persönlichkeitsbereiche von 1-10 (wobei 10 für einen optimalen und 1 für einen minimalen Wert steht). Folgende Bereiche wurden von Remo auffällig bewertet:

- Ich habe ein gutes Selbstvertrauen: 5
- Ich bin zuversichtlich und optimistisch: 5
- Ich habe eine gesunde Lockerheit: 6
- In Gesprächen bin ich aktiv: 5
- Ich äußere mich, wenn mich etwas stört: 4
- Ich stelle mir erreichbare, angemessene Ziele: 4

- Ich bin ruhig und entspannt: 5
- Ich spreche fließend: 5
- Ich habe einen guten Umgang mit dem Stottern: 4

Hier ein Ausschnitt aus dem 4. Gespräch mit Remo (in Klammern sind die provokativen Strategien vermerkt):

Th: *Wo gibt es noch Probleme?*
Kl: *Im Kontakt mit fremden Personen fühle ich mich minderwertig.*
Th: *Findest du denn Gründe, die dich auf die gleiche Ebene wie deine Gesprächspartner bringen würden?* (eine konventionelle, lösungsorientierte Frage)
Kl: *Ja, sicher, diese Gründe gibt es. Ich kann mir vor Augen führen, was ich in meinem Leben schon alles erreicht habe. Trotzdem fühle ich mich im Kontakt mit fremden Personen unterlegen.*
Th: *Das ist ja auch sinnvoll. Du bist einfach schlechter als die andern.* (spiegeln des Weltbildes)
Kl: *Nein.*
Th: *Nein?*
Kl: *(lacht) Nein, das nicht. Aber trotzdem mache ich es. Keine Ahnung wieso.*
Th: *Einfach grundlos. Das ist ja auch ganz gut so. Grundlos bist du minderwertiger als die anderen Menschen, vor allem in neuen Situationen. Du sagst dir dann: „Ich bin einfach immer die Nummer 2. Der andere ist immer besser." So machst du es dir leicht, dann musst du nicht abklären, wer besser ist. Du bist einfach in neuen Situationen immer minderwertig.* (beipflichten, spiegeln und Vorteile des Problems beleuchten)
Kl: *Vielleicht hängt das damit zusammen, weil ich sehe, wie andere auf fremde Personen zugehen, andere, die halt eher die Protzigen und Angeber sind. Ich will sicher nicht zu solchen Leuten dazugehören. Das wäre ja auch nicht mein Typ.*
Th: *Natürlich nicht. Trotzdem sind die Protzigen viel besser als du.* (pauschalisieren und karikieren)
Kl: *Nein, sicher nicht. Die Protzigen kommen vielleicht besser an.*
Th: *Es gibt ja auch nur diese zwei Möglichkeiten: Entweder ist man protzig und unbedacht oder man ist so schwach, so zurückhaltend und angepasst wie du.* (generalisieren)
Kl: *Ja, nein. (lacht und blickt verwirrt)*
Th: *Ja, nein? Was denn nun?* (spiegeln)

Kl: *Man kann das nicht einfach so in zwei Gruppen einteilen. Da gibt es unterschiedlichste Typen von Menschen. Man kann nicht einfach sagen: „Das ist besser als das andere."*

Th: *Zu dir passt es einfach, dass du dir in neuen Situationen sagst: „Ich bin grundsätzlich minderwertig und schlechter als der andere. Ich bin grundsätzlich die Nummer 2."* (paradox intervenieren und Bild benennen)

Kl: *Nein, das passt nicht zu mir. Aber trotzdem bin ich einfach so. Also, ich denke so.*

Th: *Genau. Weil du stottern könntest, bist du schon mal minderwertig. Das ist gut, wenn sich das alle stotternden Menschen immer wieder sagen.* (karikieren des Weltbildes)

Kl: *Ja, nein. (lacht) Das ist ja nicht zielführend, solch eine Einstellung. Aber trotzdem ist sie da.*

Th: *Bis jetzt noch. Und da ist die Frage, ob du den Schalter im Hirn findest, um etwas zu ändern und ob du es als sinnvoll erachtest, dich aufzubauen und dich auf gleicher Höhe wie die anderen zu sehen, auch in fremden Situationen. Du kannst es ja auch sinnvoll finden, dich in Erstbegegnungen grundsätzlich unter das Niveau der anderen zu stellen und immer die Nummer 2 zu sein.* (herausfordern und paradox intervenieren)

Kl: *Das ist ja nicht sinnvoll, das zu machen. Auf keinen Fall.*

Th: *Da du es bis jetzt so machst, scheint es sinnvoll zu sein.*

Kl: *Die Angst, ich könnte stottern, führt dazu, dass ich mich unterlegen fühle.*

Th: *Das müsste nicht unbedingt so sein. Man könnte sich auch sagen: „Eventuell stottere ich und ich ängstige mich ein bisschen, trotzdem setze ich mich auf die gleiche Ebene. Das ist überhaupt kein Grund, dass ich mich minderwertiger ansehe."* (normale Aussage machen)

Kl: *Ja, das stimmt.*

Th: *Es gäbe vielleicht sogar Leute, die sich sagen würden: „Obwohl ich stottere, setze ich mich auf gleiche Höhe. Vielleicht bin ich sogar etwas höher, weil ich trotz des Stotterns zu sprechen wage. Das ist dir überlassen, wie du darüber denkst.* (herausfordern und eine sinnvollere Einstellung erwähnen)

Kl: *Ja, das stimmt schon.*

Th: *Du findest es halt sinnvoll, dich deshalb als minderwertig anzusehen.* (spiegeln)

Kl: *Nein, sinnvoll ist das nicht. Aber die Ängste sind da. Das führt dann dazu, dass man stottert. Es ist eine Frage des Umgangs. Da sehe ich bei mir das Potential: Wie gehe ich mit dem Stottern um?*

Th: *Okay. Du stotterst sowieso bei fremden Personen. Das ist dir sonnenklar. Das planst du schon im Voraus.* (necken und umdeuten)

Kl: *Nein, aber wenn ich besser mit dem Stottern umgehen könnte, würde mir alles einfacher fallen.*

Th: *Das stimmt. Und du bist dir bereits im Voraus sicher, dass du bei fremden Personen stottern wirst.* (karikieren der Sorgen)

Kl: *Ich kalkuliere es ein, dass es vorkommen könnte.*

Th: *Und du willst dich die nächsten 20 Jahre weiter minderwertig ansehen, weil du stottern könntest.* (Zukunftsszenario)

Kl: *Nein, sicher nicht. Ich muss jetzt in die andere Richtung denken.*

Th: *Du musst nicht unbedingt. Für mich ist es sogar besser, wenn du nicht in die andere Richtung denkst, dann verdiene ich noch lange Geld mit dir.* (necken)

Kl: *(lacht) Ja, aber wenn ich auf mich schaue, dann muss ich an meinem Selbstvertrauen arbeiten und an meiner Einstellung zum Stottern.*

Th: *Das kann man mit 19 Jahren noch? Mit fremden Leuten und in ungewohnten Situationen?* (necken und auf das Alter anspielen)

Kl: *Das könnte man auch mit 90 Jahren noch. Das kann ja jeder. Das ist eine Frage des Wollens.*

Th: *Du willst? Oder willst du, dass dein Therapeut für dich anders zu denken beginnt?* (absurde Frage)

Kl: *Ich bin jemand, der ein paar Anstöße braucht, um in eine andere Richtung zu denken.*

Th: *Du kannst dir ja auch sagen, die nächsten drei Jahre möchtest du dich in neuen Gesprächssituationen noch als minderwertig beurteilen, und erst bei einer weiteren Ausbildung siehst du dich dann auf gleicher Höhe wie alle anderen.* (paradox intervenieren)

Kl: *(lacht) Ja, nein, sicher nicht. Das soll man ja auch nicht nur von einer Ausbildung abhängig machen.*

Th: *Oder du könntest dir sagen, erst wenn du nicht mehr stotterst, siehst du dich als gleichwertig an.* (idiotischer Ratschlag)

Kl: *Ja, das ist momentan so eine Tendenz, die ich bei mir feststelle.*

Th: *Das darfst du gerne weiter so machen.* (akzeptieren und paradox intervenieren)

Kl: *Nein, auf keinen Fall. Trotzdem fühle ich mich wegen des Stotterns minderwertig.*

Th: *Ja, alle stotternden Menschen sind minderwertige Personen.* (karikieren und globalisieren)

Kl: *Nein, das stimmt nicht.*

Th: *Dein Hirn sieht das aber so. Klar, wenn man mental stark wäre, nicht wie du, dann könnte man eine Schalterbewegung in Gang setzen und anders zu denken beginnen.* (herausfordern)

Kl: *Ja, man sollte zu seinen Schwächen stehen können. Aber das ist ja nicht immer so einfach.*

Th: *Vor allem, wenn man so wahnsinnig viele Schwächen hat wie du.* (necken und übertreiben)

Kl: *(lacht) Ja, ja. Nein.*

Th: *Ich sehe wenig Schwächen bei dir.* (echte Aussage)

Kl: *Danke.*

Th: *Aber du, du siehst eine Menge Schwächen bei dir.* (Vermutung aussprechen)

Kl: *So einfach ist das nicht. Man kann schon sagen, das ist nur eine Kopfsache. Trotzdem hat man eine Art, in welcher man denkt, und in dieser Art ist man schon etwas gefangen.*

Th: *Natürlich. Vor allem wenn man schon 19 Jahre alt ist. Dann ist man geprägt von seinem Denken. Ob man das noch ändern kann mit 19? Das ist nicht ganz einfach. Du kannst dir ja auch sagen: „Weil es nicht ganz einfach ist, lasse ich das jetzt und werde mich die nächsten 6 Jahre mit fremden Personen immer als minderwertig abqualifizieren. Oder noch besser, du redest die nächsten 20 Jahre gar nicht mehr mit fremden Personen."* (necken und paradox intervenieren)

Kl: *Das wäre schade.*

Th: *Aber es wäre einfach.* (spiegeln)

Kl: *Man kann sich ganz bestimmt ändern. Auch mit 19.*

Th: *Du kannst ja versuchen, ganz langsam, ganz, ganz langsam Fortschritte zu machen. Und wenn du mal hinfällst, stehst du nicht wieder auf und jammerst ein bisschen. Dann gehst du zu deinem Therapeuten, der dich aufstellen soll.* (paradox intervenieren)

Kl: *(lacht) Nein, nein. Wenn man hinfällt, muss man schauen, dass man mit dem Hinfallen gut umgehen kann. Auch da hilft eine positive Herangehensweise.*

Th: *Du, der mental nur so halbstark ist. ... Ich weiß halt nicht, ob du dich wieder aufstellen kannst, wenn du mal hinfällst, oder ob du dich dann noch mehr kritisierst und dir 10.000-mal sagst: „Ich bin minderwertig. Ich bin wirklich minderwertig." Und dann fällst du noch tiefer.* (übertreiben)

Kl: *Nein, dann baue ich mich auf.*

Th: *Wirklich?* (herausfordern)

Kl: *Ja, wirklich.*

Th: *Gibt es Reaktionen zu diesem Gespräch?*

Kl: *Ich fühlte mich gut während des Gesprächs. Es tat mir gut, mich gegen deine Aussagen zu wehren. Für mich ist es eine Frage des Umgangs. Sehe ich das Stottern als Grund, mich minderwertig zu beurteilen oder nicht? Das ist zwar schwierig, aber ich will das jetzt in Angriff nehmen. Und ja, (lacht) mit 19 muss ich das Ganze einfach anders betrachten. Das ist jetzt mein Ziel.*

Th: *Man verkauft mehr Staubsauger, wenn man stottert. Stottern hat durchaus Vorteile. Junge Frauen finden das irgendwie süß und erotisch, wenn ein junger Mann stottert: „Oh, er ist bestimmt sehr hilfsbereit und einfühlsam!“* (Vorteile des Symptoms benennen)

Kl: *(lacht) Dann müsste ich das Stottern doch noch beibehalten.*

Th: *Genau. Ich möchte ja echt stottern können und kann es nicht. Ich sehe das als Stärke, wenn man die Sprechmuskeln so sehr anspannen kann, dass ein echtes Stottern daraus entsteht. Da bewundere ich dich.* (Begeisterung für das Symptom zeigen)

Kl: *Schön, wenn du das so sehen kannst.*

Th: *Für mich ist das Stottern ja eher eine Nebensache. Du als Mensch, der privat, beruflich und charakterlich etwas zeigen kann, bist für mich die Hauptsache. Auch dann, wenn du in ungewohnten Situationen bist.*
Aber es kann auch spannend sein, die ganze Zeit auf das Stottern zu schauen. Habe ich jetzt gestottert? Könnte ich jetzt stottern? Jetzt habe ich schon wieder gestottert. Das ist spannender als ein Actionfilm. (karikieren und umdeuten)

Kl. *Ich möchte mich nicht klein machen, indem ich mein Leben durch das Stottern einschränken lasse.*

Th: *Wie empfandest du diesen Gesprächsstil? Ich habe heute bei dir das erste Mal längere Zeit provoziert. Bis dahin führten wir unsere Gespräche ja eher lösungsorientiert.*

Kl: *Die direkten Aussagen und die provokativen Fragen finde ich sehr zielführend. Weil ich deinen dummen Fragen und komischen Sätzen eine gute Antwort entgegensetzen kann.*

Th: *Das hilft dir ja vielleicht auch im Kontakt mit diesen höchst gefährlichen fremden Personen. Du hast in diesem Gespräch immer schlagfertig geantwortet.*

Kl:	*Ja, sicher.*
Th:	*War etwas verletzend?*
Kl:	*Nein, auf keinen Fall. (lacht) Keine Angst, ich komme weiterhin zu dir.*
Th:	*Ich habe ja vieles nur gesagt, was dein Denken widerspiegelt.*
Kl:	*Ich sehe das Stottern noch immer als eine Schwäche. Das Gespräch hat mir jedoch einen wertvollen Anstoß gegeben, das Stottern anders zu betrachten.*
Th:	*Ist das Selbstvertrauen durch das Gespräch gestiegen oder gesunken?*
Kl:	*Es ist gestiegen. Ich glaube jetzt mehr an mich. Das Gespräch hat mir die Augen geöffnet, dass ich stolz darauf sein kann, wer ich bin und was ich bereits erreicht habe.*

Remo besuchte insgesamt 10 Sitzungen. Danach benötigte er keine Unterstützung mehr. Er schloss die Berufslehre und Matura erfolgreich ab und erhielt eine Arbeitsstelle, für die aus 100 Bewerbern nur zwei ausgewählt wurden.
Am Schluss der Therapie skalierte Remo seine Persönlichkeitsbereiche erneut:

- Ich habe ein gutes Selbstvertrauen: 8
- Ich bin zuversichtlich und optimistisch: 7
- Ich habe eine gesunde Lockerheit: 8
- In Gesprächen bin ich aktiv: 7
- Ich äußere mich, wenn mich etwas stört: 7
- Ich stelle mir erreichbare, angemessene Ziele: 6
- Ich bin ruhig und entspannt: 7
- Ich spreche fließend: 9
- Ich habe einen guten Umgang mit dem Stottern: 8

Nach Beendigung der Therapie schrieb mir Remo: „Das Stottern wollte ich mir seit meiner Kindheit nie wirklich eingestehen. Die Therapie eröffnete mir einen anderen Blickwinkel. Ich lernte einen humorvollen Umgang mit meinem Handicap. Weil ich dadurch weniger Angst und Scham beim Sprechen empfinde, stottere ich wesentlich weniger als noch vor der Therapie. Ebenfalls sehr positiv waren die Provokationen. Diese halfen mir selbstbewusster zu werden und führten immer zu wertvollen Erkenntnissen."

4.3 „Ich fühle mich immer so müde“

Maria ist 37 Jahre, Single und in einem therapeutischen Beruf tätig. In den vorausgegangenen Therapiesitzungen sprachen wir über Marias Prüfungsangst, über die Trennung von ihrem Freund und ihre Erfahrungen mit Männern.

Th: *Was ist heute Ihr Anliegen?*
Kl: *Ich bin immer so müde.*
Th: *Wie alt sind Sie?*
Kl: *37*
Th: *Puhh, so alt?*
Kl: *(lacht)*
Th: *Sehr wahrscheinlich haben Sie die tollsten Erfahrungen Ihres Lebens bereits hinter sich. Langsam kommt jetzt das Alter. Ihre Träume haben Sie alle wahr gemacht. Es gibt gar keine neuen Ziele mehr. Da müssen Sie ein bisschen Müdigkeit in Kauf nehmen.*
Kl: *Nein, das will ich nicht.*
Th: *Was haben Sie denn Erfrischendes zu bieten?*
Kl: *Erfrischendes? (lacht) Ich? Witz!*
Th: *Witz, wow!*
Kl: *Spontaneität.*
Th: *Zum Teil, letztes Mal haben Sie mir gesagt, es würde Ihnen oft nichts einfallen.*
Kl: *Manchmal bin ich sehr spontan.*
Th: *Okay, sagen wir in 20 % der Fälle sind Sie spontan und in 80 % fällt Ihnen nichts ein.*
Kl: *(lacht) Umgekehrt, es ist umgekehrt.*
Th: *Wenn Sie mal etwas stresst oder stört, schlafen Ihr Witz und Ihre Spontaneität bestimmt vor lauter Müdigkeit ein.*
Kl: *Nein, nein.*
Th: *Sagen Sie doch: „Ja. Ja, zum Teil bin ich spontan und manchmal bin ich einfach so müde und völlig witzlos.“*
Kl: *Ja, genau.*
Th: *Sie haben also Witz und Spontaneität. Das sind erfrischende Eigenschaften.*

Kl: *Ja, genau.*

Th: *Genau. Das finde ich auch. Das ist jetzt kein Witz. Was haben Sie denn sonst noch Erfrischendes zu bieten?*

Kl: *Beweglichkeit.*

Th: *(erstaunt) Beweglichkeit?*

Kl: *Ja, Beweglichkeit. Körperlich wie geistig bin ich beweglich.*

Th: *Sie wären beweglich, wenn Sie nicht müde wären.*

Kl: *Man kann mich durchaus bewegen.*

Th: *Man kann Sie bewegen? Aber Sie bewegen sich nicht.*

Kl: *(lacht) Ich auch. Ich bewege mich, geistig wie körperlich.*

Th: *Am Morgen bewegen Sie die Bettdecke ein paar Zentimeter nach oben und schlafen weiter vor lauter Müdigkeit. Das ist genug Bewegung.*

Kl: *(lacht) Genau.*

Th: *Das ist Ihre Beweglichkeit.*

Kl: *Ich jogge auch, vergnüge mich mit dem Springseil und gehe schwimmen.*

Th: *Sie joggen? Mit Ihrer Müdigkeit?*

Kl: *Natürlich.*

Th: *Einmal im Monat?*

Kl: *(lacht) Regelmäßig. Ich bewege mich regelmäßig. Manchmal überfällt mich nachher die Müdigkeit und ich lege mich ein halbes Stündchen hin. Weil ich gerade Zeit habe.*

Th: *Vielleicht haben Sie einfach so viel Zeit.*

Kl: *Vielleicht ist es das.*

Th: *So viel Zeit kann man gar nicht ausfüllen. Da braucht es die Müdigkeit, die ein bisschen von dieser vielen Zeit nimmt.*

Kl: *(blickt verwirrt) Nein, es braucht etwas anderes. Die Müdigkeit soll raus aus meinem Leben.*

Th: *Bei Ihrem Charakter, der so gut zur Müdigkeit passt? Nein, die Müdigkeit fühlt sich so behaglich bei Ihnen.*

Kl: *Nein. Oft bin ich ganz fit.*

Th: *Aber ab und zu müssen Sie sich ein halbes Stündchen hinlegen. „Ich habe so wahnsinnig viele witzige und spontane Ideen. Das kann doch unmöglich 17 Stunden pro Tag so laufen. Also, bitte Müdigkeit überfall mich, sodass ich mich ein paar Minuten ausruhen kann."*

Kl: *(lacht) Ja, das ist so. Manchmal sagt aber eine Stimme in mir: „Du darfst dich nicht ausruhen. Du musst immer aktiv sein."*

Th: *Ja, wenn Sie sich Ihrer Müdigkeit hingeben und sich ab und zu ausruhen, sind Sie ein nutzloses Wesen auf dieser Erde.*

Kl: *Nein, nein. Aktiv sein und Ausruhen, beides gehört zum Leben.*
Th: *Wirklich?*
Kl: *Wirklich.*
Th: *Wie war dieses Gespräch für Sie?*
Kl: *Das Gespräch hat mir sehr gefallen und neue Impulse gegeben. Ich fühle mich energiegeladen.*
Th: *Energiegeladen? Und die Müdigkeit?*
Kl: *Die Müdigkeit ist verschwunden. Und ich habe eine Idee. Ich werde mir ein Büchlein zulegen, in welches ich Ideen für interessante Tätigkeiten schreibe.*

Am Ende der insgesamt 7 Beratungsgespräche schrieb Maria: „Ich ging nach den Gesprächen immer beschwingt nach Hause. Ich fühlte mich auf ironische Weise gespiegelt, konnte mich sozusagen in Ihrer Person beobachten. Es reizte mich, auf Ihre Provokationen heftiger, als ich es von mir gewohnt bin, zu reagieren. Sätze von Ihnen kamen mir manchmal mitten im Alltag wieder in den Sinn. Ich beobachtete mich und mein Verhalten in der Folge aufmerksamer und humorvoller."

4.4 „Ich bin steuerlos"

Nuria ist 12 Jahre alt und stottert. Sie leidet unter der Trennung ihrer Eltern und hat zurzeit kaum Kontakt mit ihrem Vater. Zu Beginn der Therapie skalierte Nuria verschiedene Persönlichkeitsbereiche von 1-10 (wobei 10 für einen optimalen und 1 für einen minimalen Wert steht). Folgende Bereiche wurden von Nuria auffällig bewertet (in Klammern die Einschätzung ihrer Mutter):

- Ich habe ein gutes Selbstvertrauen: 2 (2)
- Ich bin zuversichtlich und optimistisch: 4 (3)
- Ich habe eine gesunde Lockerheit: 6 (5)
- Ich habe eine gute Selbstständigkeit und Selbstverantwortung: 7 (3)
- Ich habe einen guten Umgang mit Aggressionen: 6 (3)
- Ich spreche fließend: 5 (6)
- Ich habe einen guten Umgang mit dem Stottern: 4 (2)

Es folgt ein Ausschnitt aus dem 2. Gespräch mit Nuria:

Th: *Wo gibt es denn noch ein Problem?*
Kl: Nichts.
Th: Nichts? Außer?
Kl: Außer dem Stottern.
Th: Kannst du es mir vormachen, damit ich es dir auch glaube, dass du stottern kannst? Aber echt bitte!
Kl: (lacht) Das geht nicht. Ich kann es nicht steuern.
Th: Wow. Das ist ja schlimm.
Kl: (lacht)
Th: Du bist steuerlos. Wie ein Schiff, das draußen auf dem Meer ist, ganz ohne Steuerung.
Kl: So schlimm ist es nicht.
Th: Ein bi-bi-bi-bisschen steuern kannst du in deinem Leben?
Kl: Im Leben schon.
Th: Aber beim Sprechen kannst du nichts steuern.
Kl: Genau.
Th: Dein Mund macht, was er will.
Kl: (lacht) Ja.
Th: Oh Gott, das ist ja schrecklich. Dein Mund ist der Chef.
Kl: Nein, aber ich kann das Stottern nicht steuern.
Th: Du kkkkkannst das SSSSStottern nicht ssssteuern. Oho. Iiiiich kkkkkann das SSSSSprechen auch nicht sssssteuern. Ich möchte ja stottern können, aber es gelingt mir nicht wirklich. Kannst du mich das Stottern lehren, damit ich nachher ausprobieren kann, es zu steuern?
Kl: Nein, das lehre ich nicht. Stottern ist nicht schön.
Th: Ich finde Stottern sehr schön. Dann könnte ich zu José in die Therapie gehen.
Kl: Du bist ja José.
Th: (scherzend) Eben, ich möchte zu mir in die Therapie gehen. So toll! Dann würde ich mir selbst helfen und müsste nicht eine Therapie bezahlen.
Kl: (lacht und blickt verwirrt)
Th: Also, du kannst das Stottern nicht steuern und das Sprechen auch nicht. Du kannst auch nicht steuern, ob du leise oder laut sprichst.
Kl: (leicht genervt) Doch, das kann ich schon steuern.
Th: Aber du kannst nicht steuern, ob du langsam oder schnell sprichst.

Kl: *Doch, auch das kann ich steuern. Aber nur, wenn ich entspannt bin. Wenn ich gestresst und nervös bin, fühle ich mich wie ein ... wie ein Schiff ohne Lenkrad.*

Th: *Uiuiuiui. Und wenn der Sturm groß genug ist, versinkt das Schiff im Meer. Huhuhu.*

Kl: *(lacht) Ja, ja.*

Th: *Oh je, Hilfe! Wenn du so richtig nervös bist und zitterst, dann wirst du auf den Meereswellen herumgewirbelt und bist verloren.*

Kl: *Ich hab noch nie gezittert. Ich hatte einfach weiche Knie.*

Th: *Das könntest du das nächste Mal tun, damit alle wissen, dass du so nervös bist. Dann zitterst du mit dem ganzen Körper und sagst den anderen mit weichen Knien: „Iiiich bin wie ein SSSchiff ohne Lenkrad. Bitte rettet mich!"*

Kl: *(lacht) Nein.*

Th: *Dann hätten alle ganz viel Geduld und würden dir sagen: „Nimm es easy." Du würdest dann zitternd entgegnen: „Nnnnnnein, ich kkkkkann es nicht easy nehmen."*

Kl: *(hat einen Lachanfall)*

Th: *Das wäre süß.*

Kl: *Nein.*

Th: *Ein junges Mädchen, das mit Körper und Stimme zittert und sagt: „Ich brauche einen Bodyguard."*

Kl: *(blickt ganz erstaunt)*

Th: *Ja, das wäre etwas für dich, ein Bodyguard, der dir hilft, wenn du nervös bist.*

Kl: *Es kommt drauf an.*

Th: *(imitiert Nuria, die zu ihrem Bodyguard spricht) „Mein Bodyguard, bbbbbitte hilf mir und entspanne mich!"*

Kl: *(lacht) Nein, der kann ja auch nichts machen.*

Th: *Doch, der kann sagen: „Nimm es easy! Du kannst es! Du schaffst es! In anderen Situationen klappt es auch! Du bist jetzt schon zehn Jahre alt!"*

Kl: *(energisch) Ich bin schon zwölf Jahre alt.*

Th: *Oh, entschuldige. Dann müsstest du dem Bodyguard sagen: „Ich bin schon elf Jahre alt."*

Kl: *Ich bin zwölf Jahre alt.*

Th: *Okay. Der Bodyguard würde dich aufbauen.*

Kl: *Eher blamieren. Wenn er in der Öffentlichkeit sagt: „Du bist zehn Jahre alt." Ich bin zwölf Jahre alt und nicht zehn oder elf.*

Illustrationen mit freundlicher Genehmigung von ©Peter Gaymann, Schäftlarn, www.gaymann.de

Th: *Kannst du denn das Steuer selbst übernehmen mit zwölf Jahren? Und dich beruhigen?*

Kl: *Es kommt darauf an.*

Th: *So als 12-jähriges, zitterndes Mädchen.*

Kl: *(lacht) Ich habe noch nie gezittert.*

Th: *Nur mit der Stiiiiimmmee.*

Kl: *Das auch nicht.*

Th: *Das könntest du anfangen.*

Kl: *Nein, ich will es nicht übertreiben. Ich stottere, das genügt.*

Th: *Das Stottern ist ja ähnlich wie das ZZZZzittern. „HaHaHallo, ich bin die steuerlose Nuria."*

Kl: *(mit lauter, ruhiger Stimme) Nein, einfach normal. Kein Bodyguard, nichts.*

Th: *Nur deine Mutter an deiner Seite.*

Kl: *Nein, ich allein.*

Th: *Oder dein Therapeut, der immer an deiner Seite ist. Ich sehe dich auf einer Party und du sagst: „Da ist José, mein Therapeut. Er ist so genial. Ich muss ihn immer an meiner Seite haben. Ich bin selber steuerlos."*

Kl: *(lacht) Nein, nein.*

Th: *Sag doch „Ja".*

Kl: *Nein, ich sage „Nein".*

Th: *Du meinst, du bist stark genug und kannst das Steuer allein in die Hand nehmen?*

Kl: *Ich will das üben. Ich will nicht steuerlos durchs Leben gehen.*

Th: *Gibt es denn noch ein anderes Problem außer dem Stottern?*

Kl: *Nein, sonst nichts.*

Th: *Dein schlimmes Denken, das so schwarz und sorgenvoll ist?*

Kl: *Nein, das habe ich geändert.*

Th: *Geändert? Wie hast du das geändert?*

Kl: *Durch die bisherige Therapie.*

Th: *Wow, das muss eine gute Therapie sein.*

Kl: *(leicht genervt) Eigenlob stinkt.*

Th: *Ah, das stimmt. Ein bisschen Eigenlob ist meiner Meinung nach aber ganz gut. Ich kannte mal eine junge Frau, die war zwölf Jahre alt, die gab sich nur eine 2 beim Selbstvertrauen. Ich glaube, diese Frau gab sich zu wenig Eigenlob. Die hat sich immer kritisiert und stets das Schlechte bei sich gesehen. Für die wäre ein bisschen Eigenlob nicht schlecht. Oder was meinst du?*

Kl: *Ja, das stimmt eigentlich.*

Th: *Okay. Wie war das Gespräch für dich? Hat dich etwas verletzt?*

Kl: *Es war mal eine Abwechslung. Es hat mir sehr gefallen. Verletzt hat mich nichts.*

Th: *Du hast ja sehr viel gelacht. Ab und zu warst du ein bisschen genervt, nicht wahr?*

Kl: *Ja, ich war genervt. Ich bin zwölf Jahre alt und brauche keinen Bodyguard.*

Th: *Okay. Und du konntest dich im Gespräch gut verteidigen. Das kann dir ja auch in der Freizeit helfen, falls die anderen dich auslachen. Ich will dich ja nicht fertigmachen, wenn ich dich ein bisschen necke.*

Kl: *Ich musste ja gute Antworten geben.*

Th: *Eben.*

Kl: *Mit solchen Fragen und Sätzen!*

Th: *Klar. Du darfst natürlich auch schlechte Antworten geben und sagen: „Ja, ich brauche einen Bodyguard."*

Kl: *Nein, ich brauche keinen Bodyguard. Nein, danke. Nein.*

Th: *Okay, dann leuchtet mir das langsam ein. Gibt es noch etwas zum Gespräch zu sagen?*

Kl: *Ja, ich fühle mich stärker. Und noch etwas: Stottern ist nicht tödlich.*

Th: *Oh, das ist ein toller Schlusspunkt.*

Nuria besucht zum jetzigen Zeitpunkt noch immer die Therapie. Inzwischen hat sie zehn Sitzungen absolviert und ist beim Selbstvertrauen bereits bei der 6 angekommen. Es gibt in allen Persönlichkeitsbereichen sehr positive Entwicklungen, auch wenn immer wieder Rückschritte vorkommen.

4.5 „Ich habe keine Probleme"

Norbert kam als 23-Jähriger in meine Praxis. Er hatte eine abgebrochene Lehre hinter sich, litt unter Depressionen und Pfeifferschem Drüsenfieber, sammelte als Jugendlicher einschlägige Erfahrungen mit Drogen, stotterte bei gewissen Wörtern mehrere Sekunden und suchte dringend eine Lehrstelle.

Hier ein Ausschnitt aus dem 11. Gespräch mit Norbert:

Th: *Über was möchtest du heute sprechen? Wo gibt es ein Problem?*

Kl: *Ich habe momentan keine Probleme.*

Th: *Vielleicht heißt das ja nur, dass du kein Problem siehst. Die anderen haben vielleicht schon Probleme mit dir.*

Kl: *Aber wenn nur die anderen Probleme haben, dann ist das nicht mein Problem.*

Th: *Das sagen sich natürlich viele Alkoholiker auch.*

Kl: *(lacht) Aber ich bin kein Alkoholiker. (und scherzend) Noch nicht.*

Th: *Du bist bis jetzt noch nicht in der Gesellschaft integriert als Arbeitstätiger. Da könnte ja der Staat kommen und sagen: „Wir haben ein Problem mit Norbert. Er ist bis jetzt noch nicht fähig, den Normen der Gesellschaft zu genügen."*

Kl: *(lacht verlegen) Ja, nächstes Jahr möchte ich wieder arbeiten, respektive eine Lehre beginnen. Ich suche noch immer eine Praktikumsstelle.*

Th: *Und du willst eine Lehre abschließen?*

Kl: *Sicher, die möchte ich abschließen.*

Th: *Möchtest du oder willst du sie abschließen?*

Kl: *Ich muss die Lehre abschließen.*

Th: *Es gibt viele, die vier bis fünf Abbrüche schaffen. Du kannst versuchen, diese zu übertrumpfen. Du könntest die Hitparade all derjenigen stürmen, die am meisten Lehrabbrüche erreichen.*

Kl: *(lacht) Nein, nein, danke.*

Th: *Du würdest bestimmt gute Gründe finden, warum du die Lehre wieder abgebrochen hast: „Die Gesellschaft ist zu hart für mich. Der Stress in der Arbeitswelt ist viel zu groß etc. etc."*

Kl: *Ein Abbruch reicht. Ich will das nicht ein weiteres Mal erleben.*

Th: *Was spricht denn dafür, dass du eine Lehre durchziehen kannst?*

Kl: *Da spricht viel dafür. Meine Motivation und mein Können, ich weiß nicht.*

Th: *Deine Motivation und dein Können, ich weiß nicht. Was sonst noch?*

Kl: *Ja, dass ich endlich eine abgeschlossene Lehre habe.*

Th: *Ja, das motiviert. Und wenn du dann an einem kalten, dunklen Morgen halbdepressiv erwachst, was machst du dann?*

Kl: *Dann werde ich trotzdem zur Arbeit gehen.*

Th: *Du könntest ja dann an diesem kalten, dunklen Morgen, wenn du einmal keinerlei Lust auf die Arbeit hast oder dich schlechte Laune plagt, dann könntest du liegen bleiben. Dann machst du dir wieder das Pfeiffersche*

Drüsenfieber oder einen depressiven Anfall, dann musst du nicht zur Arbeit.

Kl: *(lacht) Nein, nein.*

Th: *Du könntest dann mit zarter Stimme sagen: Ich musste die Lehre halt wieder abbrechen, weil ich a) stottere, b) Depressionen habe, c) unter Pfeifferschem Drüsenfieber leide, d) eine zarte Stimme habe und e) lange Haare trage.*

Kl: *Und so weiter. (lacht) Nein, nein. Das werde ich bestimmt nicht so machen. Ich werde diese Lehre beenden. Ganz bestimmt.*

Th: *Und wenn es dann irgendwann Probleme gibt, wie es sie ja in jeder Lehre gibt? Was macht dann Norbert, der momentan keine Probleme hat? Einen Lehrabbruch?*

Kl: *Ja, das ist normal, dass man während einer Lehre ab und zu Probleme hat.*

Th: *Was macht dann Norbert? Einen Lehrabbruch!*

Kl: *(lacht) Ganz bestimmt nicht. Ich werde mit einer anderen Person oder dem Lehrmeister über das Problem sprechen. Das ist etwas, was meistens hilft.*

Th: *Du redest mit anderen, obwohl du stotterst?*

Kl: *Ja, obwohl ich stottere.*

Th: *Und wie möchtest du darüber sprechen? Indem du jammerst und dich über die Probleme beklagst?*

Kl: *Nein, einfach sachlich über das Problem sprechen.*

Th: *Und dann?*

Kl: *Dann hilft es.*

Th: *Es hilft? Was bringt denn ein solches Gespräch?*

Kl: *Lösungen.*

Th: *(Ich stelle mich bewusst dumm.) Lösungen? Das ist das Ziel von Gesprächen?*

Kl: *Genau.*

Th: *Es gibt ja viele Menschen, die wollen Probleme nicht unbedingt lösen, sondern nur bei den anderen abladen.*

Kl: *Nein, nein, das will ich nicht.*

Th: *Und das klappt jeweils?*

Kl: *Das klappt meistens.*

Th: *Du könntest dir ja mal überlegen, nur zu klagen. Du strebst gar keine Lösung an. Dann musst du auch nichts umsetzen.*

Kl: *Aber das hilft ja nicht.*

Th: *Dafür hättest du keinen Aufwand und müsstest keine Lösungen anstreben.*
Kl: *(lacht) Nein, nein. Ich will die Lehre durchziehen und allfällige Probleme lösen.*
Th: *Okay. Zurzeit gibt es also gar kein Problem in deinem Leben? Jedenfalls siehst du keines.*
Kl: *Ich habe zurzeit schon noch ein paar Probleme, aber nicht mehr so viele wie früher.*
Th: *Ah ja, wie kommt denn das?*
Kl: *Weil ich mich damit auseinandergesetzt habe, weil ich Lösungen suchte und etwas Neues probierte.*
Th: *Ah ja. Zum Beispiel?*
Kl: *Eben, mit anderen darüber sprechen. Das hilft mir sehr. Oder das Problem mit einer etwas anderen Ansicht angehen.*
Th: *Das klingt überzeugend. Machen wir hier einen Punkt?*
Kl: *Ja, gerne.*

Am Ende der Therapie schrieb Norbert: „Obwohl es für mich eine etwas schwierige Zeit war, habe ich in der Therapie viele Fortschritte gemacht und immer wieder Neues dazugelernt. Die kollegiale Ebene hat vieles erleichtert. Der Humor und das Provozieren bleiben mir in besonders guter Erinnerung. Nun habe ich endlich eine Lehrstelle gefunden und bin bereit fürs Leben ohne Therapie."

Sieben Jahre nach Therapieende erhielt ich eine Karte von Norbert: „Ich habe die Lehre vor Kurzem erfolgreich abgeschlossen und wohne mit meiner Partnerin in einer hübschen Wohnung. Es geht mir mehrheitlich sehr gut. Mit meiner Partnerin kann ich Probleme gut besprechen. Ich hatte viel Glück in meinem Leben."

Elf Jahre nach Therapieende erreichten mich folgende Zeilen: „Die Zeit in der Therapie war für mich immer spannend. Der Mensch braucht Humor. In unserer Zeit sollte man mit Provokationen umgehen können, sie begegnen uns alltäglich. Provokation kann Ängste auslösen, zum Nachdenken anregen, mich stutzig machen und je nach Art und Weise müssen Grenzen überschritten werden. Dies hilft in vielen Belangen. Dreitägige Provokationstage mit José Amrein, das wär doch wieder mal was -;)
Mir geht es gut, auch mit dem Sprechen. Mein Ziel war und ist nicht, perfekt fließend zu sprechen, sondern mit dem Ganzen im Reinen zu sein, es zu akzeptieren, das Positive an der ganzen Sache zu sehen. Meistens gelingt es."

4.6 „Ich mache automatisch Blödsinn“

Sandro ist 10 Jahre. Er macht einen sehr sensiblen Eindruck. Zu Beginn der Therapie skalierte Sandro verschiedene Persönlichkeitsbereiche von 1-10 (wobei 10 für einen optimalen und 1 für einen minimalen Wert steht). Folgende Bereiche wurden von Sandro auffällig bewertet (in Klammern die Einschätzung seiner Mutter und seines Vaters):

- Ich habe ein gutes Selbstvertrauen: 9 (3, 5)
- Ich habe einen guten Umgang mit Aggressionen: 4 (5, 5)
- Ich habe eine gesunde Lockerheit: 6 (4, 3)
- Ich habe eine gute Selbstständigkeit und Selbstverantwortung: 7 (4, 3)
- Ich spreche fließend: 5 (5, 5)
- Ich habe einen guten Umgang mit dem Stottern: 6 (7, 5)

Hier ein Ausschnitt aus einem Gespräch mit Sandro nach einem Jahr Therapie:

Th: *Wo gibt es ein Problem?*

Kl: *Ich wurde im Fußballclub mehrere Wochen gesperrt. Ich habe meinen Trainer geärgert.*

Th: *Ja, das macht Spaß, den Trainer zu ärgern und Blödsinn zu machen.*

Kl: *Das machen wir automatisch.*

Th: *Ihr seid Automaten?*

Kl: *(lacht) Nein, wir nerven den Trainer automatisch.*

Th: *Das klingt aufregend. Toll.*

Kl: *Ja, schon letztes Jahr hatten wir einen Trainer, den wir oft geärgert haben. Und wenn sich dieser Trainer geärgert hat, dann hat er sich wirklich geärgert und nicht wenig.*

Th: *Das ist ja ein tolles Spiel. Andere spielen Fußball, ihr macht das Spiel „Ärgere den Trainer!“ Ein cooles Spiel.*

Kl: *(blickt so, als ob er ein Aha-Erlebnis hat) Nein, das ist nicht cool. Wenn man mehrere Wochen nicht Fußball spielen kann, dann ist das nicht mehr lustig.*

Th: *Okay. Ihr macht das einfach automatisch, weil ihr wie Automaten, wie Kaffeeautomaten, seid.*

Kl: *(lacht) Nein, das nicht. So ist es nicht.*

Th: *Ihr könnt gar nichts dafür. Ihr ärgert einfach automatisch den Trainer, wie andere Kinder automatisch die Mutter oder den Vater ärgern. „Ich kann nichts dafür. Kaum sehe ich meine Eltern, ärgere ich sie automatisch. Das ist bei mir halt so."*

Kl: *(blickt so, als ob er ein weiteres Aha-Erlebnis hat) Ja, ja.*

Th: *Dieser arme Trainer, der automatisch von den Jungs geärgert wird. Ist er so schwach, dass er keine Chance hat gegen eure Spiele?*

Kl: *Wir hatten mal einen Ausflug mit dem Club. Wir spielten mit dem Ball und dann haben wir halt ein bisschen Blödsinn gemacht.*

Th: *Automatisch ...*

Kl: *(lacht)*

Th: *Das passiert einfach so. Da kann man nichts machen.*

Kl: *Ja.*

Th: *Die Babys, die schreien ja automatisch. Aber du bist ja kein Baby mehr, oder? Allenfalls könntest du den Kopf zuerst einschalten und dir überlegen, ob du Blödsinn machen willst oder nicht.*

Aber du bist halt wie ein Kaffeeautomat, der automatisch Blödsinn macht.

Kl: *Der Trainer hat uns nicht unter Kontrolle. Er ist überfordert mit uns.*

Th: *Natürlich ist er überfordert, wenn ihr automatisch Blödsinn macht.*

Kl: *Ja, ja.*

Th: *Er ist also ein Trainer, der das nicht im Griff hat.*

Kl: *Ja, er hat uns nicht im Griff. Auch sein Sohn ist nicht der Hellste.*

Th: *Oh je. Und ihr sagt euch, wenn der Trainer schon einen Sohn hat, der nicht der Hellste ist und auch er selbst nicht der Hellste ist, sondern so schwach, dann macht ihr doppelt viel Blödsinn, um ihn noch ein bisschen mehr zu ärgern, sodass er noch ein bisschen schwächer wird. Das ist ja cool. Ihr könntet in Zukunft noch mehr Blödsinn machen. Ihr seid dann kein Fußballclub mehr, sondern ein Blödsinnclub. Ihr macht nur noch Blödsinn und ärgert die ganze Zeit den Trainer.*

Kl: *Nein, sonst werden wir wieder bestraft und gesperrt.*

Th: *Du musst ja automatisch Blödsinn machen, oder?*

Kl: *(lacht und seufzt)*

Th: *Ich weiß nicht, ob du das abstellen kannst. Oder ob dein Automat da oben in deinem Kopf dich weiter antreibt, Blödsinn zu machen und zu dir sagst: „Tja, da kann man nichts machen. Ich mache einfach automatisch Blödsinn."*

Kl: *(lacht)*

Th: *Was denkst du darüber?*

Kl: *(lacht) Dumm.*

Th: *Was ist dumm? Wenn man wie ein Automat reagiert?*

Kl: *Ja.*

Th: *Stimmt. Da hast du etwas Gutes herausgefunden. Das ist wirklich dumm. Nun, es gibt vielleicht solche, die sich sagen: „Das ist gar nicht dumm. Ich mache lieber Blödsinn und spiele gar nicht gerne mit dem Ball. Ein Fußballclub ist da, um Blödsinn zu machen." Man sollte alle Fußballclubs in Blödsinnclubs umtaufen.*

Kl: *(lacht) Nein, dann gäbe es keine Champions League mehr.*

Th: *Die könnten auch alle nur Blödsinn machen. Dann würde man am Fernseher zuschauen, wie sie Blödsinn machen, wie sie aggressiv sind, den Trainer ärgern und dann ein Verbot bekommen. Das könnte sehr interessant sein.*

Kl: *Nein.*

Th: *Was sagst du zu diesem Gespräch? Hast du etwas Neues herausgefunden?*

Kl: *Ich sollte meinen Trainer nicht so ärgern.*

Th: *Ich weiß nicht. Wenn du Spaß hast, kannst du den Trainer ruhig ärgern. Für dich spielt es ja keinerlei Rolle, wie er sich fühlt. Hauptsache du hast deinen Spaß. Das passiert ja automatisch. Möchtest du denn andere noch mehr ärgern in Zukunft?*

Kl: *Ich will andere weniger ärgern. Dann bekomme ich weniger Strafen.*

Th: *Das kannst du schaffen, obwohl du einen Automaten in deinem Hirn hast?*

Kl: *Ja, sicher.*

Th: *Da bin ich gespannt. Die meisten Menschen können entscheiden: Will ich jetzt Blödsinn machen oder nicht? Das ist nur eine billige Ausrede, wenn man sagt: „Ich mache automatisch Blödsinn."*

Kl: *Ja.*

Th: *Hat dich im Gespräch etwas gestört oder verletzt?*

Kl: *Nein, es war lustig und spannend.*

Th: *Schön. Es ist ja nicht das Ziel des Provozierens, dich zu verletzen, sondern dir das so zu zeigen, dass du selbst merkst: „Oh, das war ein bisschen blöd von mir. Ich könnte es in Zukunft besser so und so machen."*
Ich danke dir für dieses Gespräch. Du wusstest immer eine Antwort. Es war cool, mit dir darüber zu sprechen.

Kl: *Ja, es hat Spaß gemacht.*

Sandro besuchte die Therapie zwei Jahre lang, anfänglich wöchentlich, später alle zwei bis vier Wochen. Am Schluss der Therapie skalierten wir Sandros Persönlichkeitsbereiche erneut (in Klammern die Werte von Mutter und Vater):

- Ich habe ein gutes Selbstvertrauen: 9 (7, 8)
- Ich habe einen guten Umgang mit Aggressionen: 7 (7, 8)
- Ich habe eine gesunde Lockerheit: 9 (8, 8)
- Ich habe eine gute Selbstständigkeit und Selbstverantwortung: 9 (8, 8)
- Ich spreche fließend: 9 (8, 8)
- Ich habe einen guten Umgang mit dem Stottern: 9 (9, 9)

4.7 „Ich bin harmoniebedürftig"

Luc ist 22 Jahre alt, leidet unter geringem Selbstvertrauen, hat wenig Durchsetzungsvermögen und stottert. Er sagt von sich, er sei ein Grübler und sehr sensibel.

Hier ein Ausschnitt aus dem 3. Gespräch mit Luc:

Th: *Was ist das Problem?*
Kl: *Ich äußere mich zu wenig, wenn mich etwas stört, und wage nicht, meine Bedürfnisse mitzuteilen.*
Th: *Du hast bestimmt gute Gründe dafür.*
Kl: *Es ist situativ. Ich bin sehr harmoniebedürftig, möchte im Einklang sein mit den Mitmenschen.*
Th: *Wenn du so harmoniebedürftig bist, ist es ja auch sinnvoll, stets zu nicken und zu lächeln. Dann hast du Harmonie.*
Kl: *(lacht) Ja, genau.*
Th: *Das ist ja wunderbar für die anderen, wenn du immer lächelst und nickst. Sie sagen sich dann: „Oh, der lächelnde Buddha!"*
Kl: *(schmunzelt) Der lächelnde Buddha mit Bart.*
Th: *Andererseits ist es für die anderen auch langweilig. Die denken sich dann: „Ach, er lächelt immer, er ist wie eine Marionette. Er sagt nie, was er möchte. Wie langweilig! Er ist kein richtiger Mann."*
Kl: *Ich möchte nicht langweilig erscheinen.*

Th: *Nun, gut. Es ist natürlich sehr, sehr gefährlich in gewissen Situationen, etwas zu sagen, wenn dich etwas stört.*

Kl: *In gewisser Weise schon.*

Th: *Ja, da passieren die schlimmsten, schrecklichsten Sachen, wenn du deine Meinung sagst, besonders bei autoritären, dominanten Personen.*

Kl: *(lacht) Ja, ich habe das Gefühl, es könnte etwas Schlimmes passieren.*

Th: *So wie das Gefühl ist, so passiert es nachher immer.*

Kl: *Das stimmt nicht.*

Th: *Du hast bestimmt schon die schlimmsten Sachen erlebt, wenn du mal deine Meinung gesagt hast.*

Kl: *Nein.*

Th: *Noch nicht. Das kommt noch. Du bist einfach zu wenig mutig und sagst dir ständig: „Eventuell, möglicherweise könnte vielleicht etwas passieren. Das ist zwar noch nie geschehen. Aber es könnte ...“ In deinem Hirn hast du sicher viele schöne Fantasien, was Schlimmes passieren könnte.*

Kl: *(nickt)*

Th: *Dann denkst du mit gutem Grund: „Vorsichtshalber sage ich mal nichts.“*

Kl: *Ja. Falls ich mal etwas sage und dann stottere, dann ist mein Beitrag für die Katz.*

Th: *Genau, das ist ganz bestimmt so. Selbst wenn du nur ein einziges Mal stotterst in fünf Minuten, dann ist dein Beitrag für die Katz.*

Kl: *(lacht) Ja, das ist manchmal mein Gefühl.*

Th: *Wie dein Gefühl ist, so ist es und so bleibt es für alle Zeit. Das musst du dir immer wieder vor Augen halten. Jedes Gefühl drückt die absolute Wirklichkeit aus und gilt für die nächsten 50 Jahre.*

Kl: *Hoffentlich nicht.*

Th: *Du hoffst nur?*

Kl: *(lacht) Ja.*

Th: *Es gibt ja andere Leute, die hoffen nicht bloß, die glauben an sich. Die sagen sich: „Ja, ich habe ein bisschen Angst. Trotzdem mache ich es. Es ist ja nur ein momentanes Gefühl.“ Aber du machst das viel spannender. Du lässt dich dominieren von deiner Angst.*

Kl: *Bis jetzt.*

Th: *Bis jetzt. Wie alt bist du?*

Kl: *22.*

Th: *22? Ich weiß halt nicht, ob es mit 22 noch möglich ist, dass du die Führung übernimmst bei gewissen situativen Gefühlen.*

Kl: *Ich glaube schon.*

Th: *Weshalb glaubst du daran?*

Kl: *Weil ich motiviert und überzeugt bin, dass ich die Möglichkeit habe, mein Leben zu verändern.*

Th: *Okay. Vielleicht sind ja deine Bedürfnisse und Gedanken so schräg, dass du sie besser für dich behältst. Wenn du etwas von dir mitteilst, werden die anderen bestimmt alle explodieren. Also behältst du besser alles für dich, schließt den Mund und lächelst wie Buddha. Für die Harmonie und damit keine schlimmen, schrecklichen Sachen passieren.*

Kl: *(lächelt) Ja, bis jetzt war es so.*

Th: *Du kannst dir ja sagen: „Erst in fünf Jahren bin ich mental und seelisch stark genug, um auch in gewissen Situationen meine Bedürfnisse mitzuteilen." Du bist ja erst 22. Am besten veränderst du die nächsten fünf Jahre nichts, hast ein Pflaster auf dem Mund, lächelst wie Buddha und nickst freundlich!*

Kl: *Nein, das wäre ja nicht das Ziel. Mein Ziel ist es, das Problem gemeinsam mit dir anzugehen.*

Th: *Sehr wahrscheinlich äußerst du deine Bedürfnisse so ungeschickt, dass dann alle explodieren.*

Kl: *(lächelt verwirrt) Em, nein.*

Th: *Wenn du mutig genug wärst, könntest du es einigermaßen intelligent formulieren.*

Kl: *Ja, und wenn ich mich nicht verhasple in meinen eigenen Worten.*

Th: *Gut, du kannst auch akzeptieren, dass du nur ein kleines, winziges Mäuschen bist und die anderen große, ruhige, starke Bären sind. Das kleine, winzige, nervöse Mäuschen soll in der Ecke bleiben und zittern.*

Kl: *(lacht) Nein, ich will nicht das kleine, winzige Mäuschen sein.*

Th: *Gäbe es denn andere Möglichkeiten?*

Kl: *Gewiss. Aber bis jetzt mache ich nicht Gebrauch davon.*

Th: *Also bist du doch lieber das kleine, nervöse Mäuschen. Du wärst zwar lieber ein Bär.*

Kl: *Ja.*

Th: *Du kannst dir ja sagen: „Ich wäre zwar gerne größer und stärker. Aber es ist so gefährlich, etwas zu sagen. Also bin ich doch lieber das arme, kleine, zitternde Mäuschen."*

Kl: *So war das bis jetzt, das Gefühl: „Ich sage nichts".*

Th: *Und jetzt mit 22 willst du das noch ändern? Was hast du denn zu bieten?*

Kl: *Zu bieten?*

Th: *Ja, zu bieten. Damit die anderen dir auch zuhören und nicht einschlafen, wenn du deine Bedürfnisse mitteilst, solltest du ja etwas zu bieten haben.*

Kl: *Ich habe eine Stimme.*

Th: *Ich höre sie. Du würdest das bestimmt mit einer Mäuschenstimme sagen: „Ich hätte da auch noch etwas zu sagen."*

Kl: *(lacht) Nein, laut und deutlich.*

Th: *Okay, eine laute und deutliche Stimme hättest du allenfalls zu bieten. Was denn noch?*

Kl: *Argumente.*

Th: *Okay, die sind ja schon wichtig. Allenfalls hättest du also Argumente. Und?*

Kl: *Eine eigene Meinung, die mir wichtig ist.*

Th: *Das ist ja eine ganze Menge. Trotzdem hast du nicht das Recht, deine eigene Meinung laut und deutlich zu sagen.*

Kl: *Doch, ganz bestimmt.*

Th: *Wenn du es wagen würdest, deine Meinung zu sagen, dann könnte daraus möglicherweise, eventuell und vielleicht ein interessantes Gespräch entstehen.*

Kl: *Genau.*

Th: *Aber ob das mit 22 noch möglich ist, seine Bedürfnisse zu sagen? Du kannst ja deine Bedürfnisse in den nächsten fünf Jahren nur bei ängstlichen und unsicheren Personen mitteilen. Um die mächtigen Personen machst du einen großen Umweg und sagst dir: „Oh, das ist so gefährlich. Ich übe vorerst nur mit den Mäuschen."*

Kl: *(lacht) Das möchte ich nicht. Ich möchte alles oder nichts.*

Th: *Alles oder nichts? Dann gehst du zu den Bären mit zitternder Stimme: „IIIIIch mmmmmöchte auch etwas sagen." Oder du verschluckst alle Laute. Such dir doch einen Beschützer!*

Kl: *Ich kann mich selbst ermutigen und beschützen.*

Th: *Wie willst du das denn anstellen, wenn du so Angst hast?*

Kl: *(lacht und sagt mit schwacher Stimme) Ich glaube, es ist eine Art Mutprobe für mich.*

Th: *(imitiert die schwache Stimme) Ja, ich glaube, es ist eine Mutprobe für dich.*

Kl: *(lacht und sagt jetzt mit starker Stimme) Ich glaube, es ist eine Mutprobe für mich, die ich jetzt angehen will. Auch wenn ich mich einmal verhaspeln sollte.*

Th: *Du wirst die Mutprobe bestimmt so angehen, dass du alles zuerst 30 Minuten im Kopf durchspielst und dir vorstellst, was alles schiefgehen kann. Dann sagst du dir: „Ich bin es mental angegangen. Jetzt komme ich zum Schluss, ich mache es nicht."*

Kl: *(lacht) Nein, nicht überlegen, sondern machen.*

Th: *Machen? Das klingt ja nach einem mächtigen, starken Typ.*

Kl: *Ja.*

Th: *Ich habe heute das erste Mal längere Zeit provoziert. Wie waren denn die Reaktionen auf dieses Gespräch? War etwas verletzend?*

Kl: *Es war spannend. Das Gespräch hat etwas bewirkt. Ich hatte den Eindruck, ich hätte mir selbst gegenüber gesessen und hätte meine inneren Stimmen aus deinem Mund gehört. Als ich es so von dir hörte, klang manches schon etwas dämlich.*

Th: *Ja, manchmal denkt man dämliche Sachen.*

Kl: *(lacht) Ja. Es war ein schöner Spiegel. Es war auch witzig. Ich habe mich selbst gehört und mir dann gedacht: „Das ist ja kein Problem." Ich fühle mich jetzt stärker.*

In der nächsten Therapie erzählte Luc, Bilder und Sätze des letzten Gesprächs seien ihm im Alltag immer wieder eingefallen und hätten ihm geholfen, seine Bedürfnisse öfters mitzuteilen. Zum jetzigen Zeitpunkt kommt Luc noch immer in die Therapie. Inzwischen hat er sieben Sitzungen besucht, kleinere und größere Fortschritte erzielt und beschäftigt sich motiviert mit seinen Zielen.

Illustrationen mit freundlicher Genehmigung von ©Peter Gaymann, Schäftlarn, www.gaymann.de

5 Humor in Beruf und Alltag

Die im Buch beschriebenen Elemente lassen sich bestens in Beruf und Alltag anwenden. Die kleine Tücke dabei: Menschen wollen in der Freizeit nicht therapiert werden. Wir alle lachen gerne und lieben es, geneckt zu werden. Humorvolle, provokative und paradoxe Äußerungen können auch im Alltag Erstaunliches bewirken, wenn sie auf natürliche und direkte Art zum Ausdruck gebracht werden und nicht den Eindruck von Therapie oder Beratung erwecken. Die Akzeptanz des Gegenübers und eine optimistische Grundhaltung sind wichtige Faktoren für das Gelingen (vgl. Höfner 2011, Rush 2005: 55).

Die Möglichkeiten für Humor im Alltag sind vielfältig: mit Worten spielen, übertreiben, etwas aus einer anderen Sichtweise formulieren, Schreckensszenarien als real darstellen, spiegeln, etwas erfinden, Assoziationen spontan mitteilen, die Vorteile von Problemen aufzählen, untertreiben, necken, Geschichten erzählen, auf das Alter anspielen, bildhafte Vergleiche mitteilen, idiotische Ratschläge äußern, absurde Antworten geben, sich selbst auf die Schippe nehmen, offensichtliche Dynamiken und Tabus humorvoll ansprechen.

Für die Anwendung von Humor sind Fantasie und eine gute Portion Fingerspitzengefühl von Vorteil. Besonders wichtig sind Stimme und Körperhaltung. Diese sind am besten positiv beeinflussbar durch innere Einstellungen optimistischer und wohlwollender Art (vgl. Höfner 2004: 120-124). Eine positive Sicht aufs Leben ist ein unschätzbarer Reichtum für alle Lebenslagen und erleichtert die Integration von Humor in Beruf und Alltag. Statt sich beispielsweise über das Regenwetter zu beschweren und sich dadurch die Laune verderben zu lassen, kann man sich die Vorteile des Regens vor Augen führen: Regen erfrischt, verschönert, lässt Pflanzen sprießen. Regen klingt beruhigend, ermöglicht genussvolle Stunden auf dem Sofa und lässt uns Sonnenstunden nach Regentagen neu entdecken. Aus dieser Sammlung positiver Aspekte des Regens kann folgende humorvolle Bemerkung resultieren: „Ich freue mich immer so auf Regenstunden. Denn sie bieten wunderbare Möglichkeiten, hübscher zu werden."

Humorvolle Menschen sind allgemein beliebt. Man trifft sich gern mit ihnen. Gemeinsames Lachen entspannt die Unterhaltungen und gibt ihnen Würze. Kecke Bemerkungen machen Gespräche lebendiger. Humor erfrischt und lässt uns die Probleme des Alltags leichter ertragen. Eine humorvolle Herangehensweise auch in Krisen und Konfliktsituationen wird selbst von seriösen Wissenschaftlern mittlerweile für eindeutig lebensverlängernd angesehen (vgl. Rush 2005: 100-101).

Wer Humor im Alltag anwenden möchte, sollte bereit sein, ab und zu in ein Fettnäpfchen zu treten. Das muss nichts Schlimmes sein. Hilfreich ist es dann, das Scheitern nicht zu dramatisieren, sondern mit dem Missgeschick humorvoll umzugehen.

Menschen sind keine Maschinen, Fehler gehören zum Leben. Humor gegenüber sich selbst stößt auf viel positives Echo. Eigene Missgeschicke und Fehler müssen nicht zwingend dramatisch gesehen werden. Im Gegenteil, sie bieten tolle Gelegenheiten für amüsante Erzählungen und viel befreiendes Gelächter (vgl. Rush 2005: 54-56). Oft hilft es, sich selbst nicht allzu ernst zu nehmen, sich öfters aus einiger Distanz zu sehen und ein paar humorvolle Bemerkungen über sich und die eigene Rolle im Leben zu machen. Es empfiehlt sich auch, das Leben immer wieder von außen zu betrachten, fast wie auf einer Bühne im Theater. Die Distanz ermöglicht es, die komischen, absurden und humorvollen Elemente des menschlichen Daseins zu entdecken. Auch hierzu ein paar Beispiele:

Familie Meier hat eine neue Abmachung. Immer wenn eine Person befürchtet, es könne gleich ein heftiger Streit ausbrechen, nimmt sie das Waldhorn zur Hand und bläst hinein. Das ist ein Zeichen für die ganze Familie: Achtung, es ist sinnvoll, sich zu mäßigen. Beim Klang des Waldhorns verstummt die ganze Familie und nicht selten beginnen alle zu lachen. Oft wird das Problem am nächsten Tag nochmals besprochen. Meist findet sich dann überraschend schnell eine Lösung.

Die Lehrperson fragt die Schüler: „Was soll man machen, wenn man Angst vor einem heranrennenden Hund hat?" Niemand hat eine Idee. Stille. Die Lehrperson geht auf allen vieren und beginnt plötzlich zu bellen. Alle lachen. Daran werden sich die Schüler noch Jahre später erinnern und die ganze Szene den eigenen Kindern vorspielen.

Am Morgen kommt die Mutter in die Küche. Das Geschirr ist nicht gespült und abgetrocknet, trotz Abmachung. Die Mutter ärgert sich. Die 14-jährige Tochter Corina hat es zum wiederholten Mal vergessen. Als Corina in die Küche kommt, sagt die Mutter in liebevollem Ton: „Danke fürs Spülen und Abtrocknen." Die Tochter entgegnet: „Oh, entschuldige. Ich mach es sofort." Beide lachen.

Wenn Margrith ihre Freundin Luzia trifft, reden sie darüber, wie es so läuft und was aktuell ansteht. Luzia hat zusätzlich zu Familie und Beruf auch noch eine Weiterbildung begonnen. Oft jammern sie beide zusammen. Alles ist so viel! Luzia erzählt: „Dieser Stress. Es ist wieder einmal so viel. Für die Kinder bin immer ich zuständig. Mein Mann hat so viel zu tun. Ich bringe einfach nicht alles unter einen Hut."
Anstatt in dasselbe Gejammer zu fallen und zu bekräftigen, wie schlimm alles ist, sagt Margrith dieses Mal: „Kauf dir doch einen größeren Hut! Dann bringst du alles darunter." Luzia schaut Margrith irritiert an. Dann beginnt sie loszulachen und meint: „Stimmt. Ich kaufe mir einen neuen Hut." Nun erhellt das Lachen ihre Gesichter. Unversehens sind sie vom Jammern ins Land des Humors geraten.

Karin, eine Teilnehmerin einer zweitägigen Weiterbildung, wendet die Kursinhalte schon bei ihrer Heimreise an. Sie schreibt mir ein paar Tage später:

Der Zug ist bis auf den letzten Platz besetzt. Ich habe einen Fensterplatz ergattert und will es mir gerade gemütlich machen, da dringt Gejohle an meine Ohren. Zuerst weiß ich nicht genau, woher es kommt, doch es stört und meine Kopfhörer liegen zu Hause auf dem Schreibtisch – Mist. Nun darf ich diesem Gejohle und dem lauten Singen zuhören. Es nervt. Ich war gerade zwei Tage in Luzern in einem Kurs für Humor und Provokation in Therapie und Beratung. Dies kann doch auch im Alltag angewendet werden, also Karin, streng dein Gehirn mal an – geht es mir durch den Kopf. Da kommt sie daher, die Idee, wie aus dem Nichts – ich schieße richtig aus dem Sessel hoch und die junge Frau neben mir schaut mich erstaunt an.

Ich steige die Treppe hinunter, denn die Gruppe Jungs hat es sich gleich beim Eingang im Doppelstöcker bequem gemacht, und der „Zufall“ hilft. Der Erste, den ich zu Gesicht bekomme, trägt eine Mütze und den frage ich: „Gibst du mir deine Mütze? Ich werde für euch Geld sammeln, wenn ihr nochmals singt.“ Perplexe, erstaunte Gesichter – ich muss mich nochmals erklären. Sie sind sich nicht sicher, ob ich runtergekommen bin, um mich zu beklagen, doch kein Wort der Klage kommt über meine Lippen. Einer fragt mich, welches Lied ich mir denn wünsche. „D`Venus vo Bümpliz“. Nun singen sie tatsächlich. Ich bin schon recht zufrieden und meine Schauspielernatur hüpft vor Freude. Nun ein bisschen dummes Gerede, von wegen Alter und Großmutter – doch dies beachte ich nicht. Kurzum fordern sie mich auf, mitzusingen. „Singen kann ich nicht, doch ich kann etwas anderes.“ „Ja, was denn?“ „Geschichten erzählen“. Ich erzähle ihnen eine Geschichte von Mullah Nasrudin: „Die perfekte Frau“. Es ist mucksmäuschenstill. Ich genieße es und merke, dass es einigen richtig gefällt, den anderen ist es eher peinlich. Am Schluss drehe ich mich um und wünsche ihnen einen schönen Abend. Als ich wieder bei meinem Platz angekommen bin, schauen mich die Leute an, und ich merke, sie sind froh.

Denn nun ist es ruhig und es wird in der Gruppe rege diskutiert, ob ich den Jungs (einige hatten schon ein wenig über den Durst getrunken) wohlgesinnt war oder einfach nur aggressiv. Die Meinung ist gespalten. Ziel erreicht, es wird über mein Vorgehen nachgedacht. Zwei der Jungs nehmen, nachdem ich lauthals gesagt habe: „Aber bitte nicht in meinem Abteil!“, gerade vis-à-vis von mir Platz und nun wird geklärt. Es ist ein tolles Gespräch. Wir lachen viel und philosophieren über das Leben.

Der Vorteil, ein wenig älter zu sein und nicht mehr alles ernst nehmen zu müssen, auch als Großmutter betitelt zu werden, gab bei mir Anlass zum Schmunzeln.

5.1 Paradoxe Handlungen im Alltag einbauen

Menschen sind schnell in Gewohnheiten gefangen. Wir wiederholen viele Handlungen und Gedanken täglich, automatisieren sie und gewöhnen uns daran. Bald gehören sie zum festen Bestandteil unseres Charakters.

Eine Gewohnheit zu verändern ist keine einfache Sache. Je länger wir ein Verhalten gewohnheitsmäßig ausgeübt haben, desto schwieriger ist es in der Regel, sich dieses Verhalten abzugewöhnen und es durch ein neueres und sinnvolleres zu ersetzen. Die Macht der Gewohnheit ist stark und die Motivation für eine Veränderung oft nicht so groß und ausdauernd. Gewiss, es ist möglich, das eigene Verhalten und das eigene Denken zu ändern. Dazu sind aber oft viel Ausdauer und Motivation notwendig. Immer wieder fallen Menschen in ihre alten Gewohnheiten zurück, trotz aller guten Vorsätze und Ziele (vgl. Watzlawick 2006: 12-14, Watzke 2008: 75-82).

Das Verhalten anderer zu ändern, zeigt sich als schwieriges Unterfangen. Ist das Gegenüber nicht motiviert dazu, bleiben meist nur Verdruss und Ärger. Trotzdem versuchen wir immer wieder, andere zu verändern. Wir kritisieren ihren sonderbaren Charakter und ihr unangepasstes Verhalten. Statt sich zu ärgern und immer wieder das Gleiche zu tun, ist es oft viel wirkungsvoller, den anderen zu akzeptieren und selbst etwas Neues und Überraschendes zu tun. Die Chance für ein neues Verhalten beim Gegenüber steigt dadurch (vgl. Watzlawick 2006: 113-116). Die eingespielte Dynamik kann sich nicht mehr wiederholen und die eigene Laune verbessert sich.

Es empfiehlt sich, schwierige Situationen im Voraus in Gedanken durchzuspielen und alternative Verhaltensweisen durchzudenken. Das kann ein interessanter Denksport sein und viel Spaß machen.

Ein paar Beispiele:

Wieder einmal hören die Kinder nicht zu. Bereits zum zehnten Mal hat die Mutter ihre beiden Söhne aufgefordert, den Tisch zu decken. Nun kommt die Suppe auf den Tisch. Aber es fehlen Teller und Besteck. Die Mutter hat eine spontane Idee, schöpft Suppe auf den nackten Tisch, von dort läuft

Illustrationen mit freundlicher Genehmigung von ©Peter Gaymann, Schäftlarn, www.gaymann.de

die Suppe auf den Boden. Dieses Bild bringt alle zum Schmunzeln, bleibt bei allen lange in den Köpfen haften, verbessert die Mitarbeit der Söhne in ungeahnter Weise und bietet in der Folge bei vielen Familienfesten Gesprächsstoff und Material für gemeinsames Lachen.

Die 45-jährige Claudia beklagt sich zum wiederholten Mal bei ihrer Kollegin Rita: „Mein Mann hält sich nie an Abmachungen. Er kommt verspätet nach Hause, kümmert sich nicht um die Kinder, verschanzt sich am Wochenende in seinem Büro und ist nicht bereit, im Gespräch gemeinsam nach Lösungen zu suchen. Dabei ist unser Sex so himmlisch." Rita hat schon öfters Tipps gegeben, doch zeigten diese bisher keinerlei Wirkung. Nun versucht es Rita anders: „Das ist ja ein Paradies für deinen Mann. Er kann tun und lassen, was er will, ohne dir entgegenkommen zu müssen. Und er erhält obendrein guten Sex. Das musst du unbedingt beibehalten. Sonst zerstörst du sein Paradies. Du bist eine bewundernswerte Märtyrerin. Bestimmt bekommst du irgendwann ein Denkmal." Claudia stockt. So hat sie das noch nie angesehen. Jetzt will sie die Probleme anpacken. Zwei Jahre später ist Claudia glücklich geschieden.

Der Abteilungsleiter ärgert sich über das viele Klagen seiner Mitarbeiter. Er wünscht sich eine möglichst positive Stimmung in seiner Firma. Doch seine motivierende Art bewirkt oft nicht den gewünschten Erfolg. Nun fordert er die Angestellten zu Beginn der Meetings und Mitarbeitergespräche jeweils auf, sich zuallererst zu beschweren und zu beklagen. Die Mitarbeiter bekommen die Berechtigung dazu. Es macht allen Spaß, sogar dem Abteilungsleiter. Interessanterweise dauert das Klagen meist gar nicht so lange, dann suchen die Mitarbeiter aus eigener Initiative positive und lösungsorientierte Gesprächsinhalte.

Die Mutter ist es leid, ihren 18-jährigen Sohn Martino jeden Morgen zu wecken und ihm zehnmal zu sagen, er solle nun aufstehen. Allmorgendlich dieses Theater! Das kann nicht ewig so weitergehen! Die Mutter heckt einen Plan aus und weiht ihren Mann ein. Am nächsten Morgen weckt sie ihren Sohn mit den Worten: „Guten Morgen lieber Martino, heute geschieht etwas Außergewöhnliches. Steh bitte auf, ich sage es dir heute nur ein einziges Mal." Der Sohn ist es gewohnt, die Worte seiner Mutter nicht ernst zu nehmen. Er schläft wieder ein. Nun steht die Mutter vor dem Bett ihres Sohnes, leert einen Krug kaltes Wasser über ihren Sohn. Das weckt Martino. Daran erinnert er sich sein ganzes Leben. Seit diesem Tag steht er von allein auf. So etwas will er nicht noch einmal erleben.

Roger wird von seinem Arbeitskollegen Marco mürrisch und mit wenig Respekt behandelt. Er beklagt sich darüber und ist wenig motiviert, Marco freundlich zu begegnen. Wieso auch? Marco hat es nicht verdient! Roger schaut nun auch mürrisch und ernst in die Welt, wenn er seinem Arbeitskollegen begegnet. Die Beziehung zwischen den beiden verschlechtert sich, die Atmosphäre wird angespannter und ernster. Roger denkt lange darüber nach und beschließt ein Experiment zu machen. Einen Monat lang behandelt er Marco so, als ob er ein guter Freund wäre, geht respektvoll auf seine Äußerungen ein, überrascht ihn immer wieder mal mit einer netten Bemerkung, nimmt ihm Arbeit ab und macht öfters ein Kompliment. Die Situation entspannt sich, Marco begegnet Roger plötzlich freundlicher. Dies setzt eine erstaunliche Dynamik in Bewegung. Roger ist motiviert, das Experiment weiterzuführen. Ein halbes Jahr später sind die beiden beste Arbeitskollegen.

Immer das gleiche Theater im Supermarkt. Der 5-jährige Luca quengelt, schreit und trotzt. Die Mutter ist nah an einem Nervenzusammenbruch. Jetzt hat sie einen Einfall. Sie quengelt auch, sie schreit und weint: „Ich will Schokolade. Ich will Schokolade." Die Supermarktbesucher beobachten die Szene gespannt. Das Kind ist ganz ruhig. Die Mutter lächelt still. Entspannt geht sie mit Luca zur Kasse.

Ernst ist seit 50 Jahren mit Lachina verheiratet. Die beiden besuchen einen Humorkurs. Sie möchten mehr lachen. Kann man dies im Alter von mehr als 70 Jahren noch lernen? Zu Hause haben die beiden eine Idee. Wenn einer von ihnen zu grimmig schaut, winken sie einander zu, so wie beim ersten Date. Pro Tag höchstens dreimal. Das ist die Abmachung. Das Winken zeigt Wirkung und bringt sie jedes Mal zum Lachen. An gewissen Tagen verlieben sie sich auf diese Weise neu ineinander.

Frau Gassmann, die Lehrperson, kommt so gegen 8.00 Uhr in die Schule. Die Regel besagt: Die Kinder warten draußen vor der Schule, bis es läutet. Als Frau Gassmann ins Schulhaus kommt, sitzt ein Junge auf der Heizung. Sie begrüßt ihn und fragt ihn nach dem Grund, weshalb er drinnen ist. „Es ist so kalt draußen." Frau Gassmann gibt ihm recht, setzt sich ebenfalls auf die Heizung und beginnt über das kalte Wetter zu klagen. Er schaut sie mit großen, ungläubigen Augen an. Da kommt ein Mädchen auf dem Gang vorbei. Frau Gassmann lädt sie ein, Platz zu nehmen, denn es sei ja viel angenehmer hier drinnen. Das Mädchen ist entsetzt und sagt, das sei verboten. Der Junge und Frau Gassmann bleiben. Nur eine halbe Minute später steht der Junge auf und sagt: „Ich gehe jetzt auch nach draußen zu den anderen." Frau Gassmann frohlockt innerlich, ohne Zurechtweisung hat sie erreicht, was sie eigentlich wollte. Das Kind hat selbst überlegt und sich anschließend entschieden hinauszugehen.

5.2 Provozieren und liebevolles Necken im Alltag

Der Film „Les Intouchables – Ziemlich beste Freunde" führte den Erfolg von Humor und Direktheit hautnah vor Augen. Philippe, der Mann im Rollstuhl, fand die bisherigen Pflegerinnen allzu nett und langweilig. Anders bei Driss, dem Pfleger mit Pfiff und Witz, der mit seiner unkonventionellen Art dem wohlhabenden, aber isoliert lebenden Philippe neuen Lebensmut gab.

Kleine Neckereien in Beruf und Alltag ermöglichen einen lockeren Umgang miteinander. Die Gefahr, dass sich ein Konflikt ausweitet, wird dadurch vermindert. Aggressionen können so laufend auf spielerische Art ausgelebt werden. Der gute Draht zum Gegenüber ist dabei das A und O des Erfolgs (vgl. Höfner 2008: 61). Wenn ich den anderen in eine bestimmte Richtung verändern will oder ihn überwiegend unsympathisch finde, reagiert er schnell verletzt oder widerspenstig. Das Necken sollte vielmehr aus einem Gefühl der Akzeptanz und Sympathie geschehen, mit einem Lächeln in den Augenwinkeln. Gleichzeitig wird das Gegenüber auf spielerische Weise herausgefordert. Wenn die Stimme warm und liebevoll ist, fühlt sich der andere überraschenderweise nicht verletzt, selbst wenn man folgende Sätze sagt:

„Das schaffst du vermutlich nicht."
„Das wird bestimmt schieflaufen."
„Dafür bist du vermutlich zu alt."

Ganz im Gegenteil. Oft sind solche Neckereien wirkungsvoller als viele aufmunternde Worte oder Tipps.

Auch in der alltäglichen Kommunikation lassen sich alle im Buch beschriebenen Elemente einbauen. Ein paar Beispiele:

Priska unterstützt ihren Mann Egon beim Englischlernen. Egon jammert oft, wie schwierig das sei. Priska versucht Egon zu motivieren und ihn aufzubauen. Doch es verändert sich wenig. Eines Tages meint Priska: „Ich glaube, Englisch ist einfach zu schwierig für dich. Du kannst das einfach nicht." Jetzt ist der Ehrgeiz von Egon geweckt. Abends meint er zu Priska: „Dein Kommentar heute hat mich motiviert. Ich werde es dir zeigen."

Nadines Kinder schleudern die Jacken und Taschen bei der Rückkehr in die Wohnung in alle Ecken. Ständig muss die Mutter die Kinder ermahnen, ordentlicher zu sein und die Jacken richtig aufzuhängen. Die Ermahnungen bewirken aber wenig. Jetzt kommt sie nach Hause, wirft ihre Handtasche ungehemmt in die Ecke und ihre Jacke landet zerzaust auf dem Boden. Die Kinder sind irritiert. Sie sehen sich wie in einem Spiegel. In den nächsten Wochen gibt es eine erstaunliche Verbesserung. Wenn es wieder mal nicht klappt, spiegelt die Mutter erneut das Verhalten der Kinder.

René, der vereinbarte Termine oft vergisst, bittet seine Chefin am Telefon darum, ihn kurz vor dem Termin noch einmal anzurufen, um ihn daran zu erinnern. Er meint, es nütze nichts, wenn er es sich aufschriebe. Darauf antwortet die Chefin: „Und du rufst mich am Tag vorher an, um mich daran zu erinnern, dich zu erinnern?" Da mussten beide herzhaft lachen und René meinte, irgendwie werde er schon daran denken.

Claudine spielt in unserer Improvisationstheatergruppe. Immer wieder beklagt sie sich über ihren Freund: „Er ist so unzuverlässig, sagt unsere Treffen manchmal im letzten Moment ab. Wenn er etwas von mir will, bin ich immer für ihn da." Alle in unserer Gruppe raten Claudine, sich von ihrem Freund zu trennen. Doch für sie kommt das nicht infrage. Sie liebt ihren Freund zu sehr. Dies dauert eine Weile. Bei einem Bier provoziere ich Claudine: „Wie cool für deinen Freund. Er hat eine so nette Freundin, mit der er machen kann, was er will. Sie ist trotzdem stets für ihn da. Du musst unbedingt noch lange bei deinem Freund bleiben. Für ihn ist das der Himmel auf Erden." Es dauerte keine Woche und Claudine hatte sich getrennt.

Der 8-jährige Mauro kann nicht verlieren. Er bekommt jeweils einen Wutanfall und ist längere Zeit eingeschnappt. Vor dem nächsten Spiel schreibt seine Mutter einen Zettel und legt ihn auf den Tisch: „Wenn ich verliere, liebt mich mein Kater nicht mehr." Mauro liest den Zettel und lächelt. Heute verliert die Mutter und spielt gekonnt einen Wutanfall. Alle lachen. Vor dem nächsten Spiel schreibt die Mutter einen neuen Zettel: „Wenn ich verliere, schlage ich die Scheibe ein." Mauro liest den Zettel und ist irritiert. Die Mutter fordert den Sohn heraus: „Wenn du heute verlierst, wirst du bestimmt die Scheibe einschlagen." Der Sohn schüttelt trotzig den Kopf.
Nach ein paar Monaten kann Mauro bei Spielen ohne größere Probleme verlieren.

Illustrationen mit freundlicher Genehmigung von ©Peter Gaymann, Schäftlarn, www.gaymann.de

Immer wieder berichten mir Teilnehmende meiner Weiterbildungen von beeindruckenden Erlebnissen, wie Humor und Provokation erfolgreich angewendet wurden. Hier ein paar Beispiele:

Ich traf mich mit meiner Kollegin, die während unseres Gesprächs ständig gähnte. Ich sagte ihr, dass es mir nicht bewusst gewesen sei, dass ich eine so einschläfernde Wirkung habe.
Die Kollegin errötete leicht und erklärte mir entschuldigend, dass sie in der letzten Nacht so schlecht geschlafen habe. Darauf antwortete ich ihr, dass sie mich zukünftig ruhig anrufen könne, damit ich ihr durch meine Anwesenheit zu Schlaf verhelfen könne. Wir lachten und führten unser Gespräch fort. Bei jedem weiteren Gähnen mussten wir wieder lachen.

Wenn ich meinem Freund ein Problem anvertraute, reagierte er in Sekundenschnelle mit einem Ratschlag: „Du musst halt ... Du musst halt ... etc. etc.!“ Ich ärgerte mich darüber und sagte es meinem Freund. Doch es änderte sich nichts. Wenn nun mein Freund seinerseits mit einem Problem zu mir kam, sagte ich ebenfalls: „Du musst halt ...!“ Mein Freund erfuhr am eigenen Leib, wie wenig hilfreich dieser Satz ist. Das veränderte viel. Der Satz wurde sogar zu einem Running Gag. Inzwischen lachen wir jedes Mal darüber und sprechen dann ernsthaft weiter.

5.3 Sich selbst therapieren im Alltag

Wer sich schämt, in eine Therapie oder Beratung zu gehen, wer die daraus entstehenden Kosten und Zeitaufwendungen scheut, kann den Versuch starten, sich selbst zu therapieren. Dabei ist Humor ein wertvoller Begleiter. Wer sich selbst helfen und sich selbst therapieren möchte, tut gut daran, das Ganze mit einem Lächeln und der nötigen Prise Selbstironie anzugehen. Humor ist eine oft zu wenig beachtete Ressource bei der Bewältigung eigener Probleme.

Da ich immer wieder von Personen höre, die sich selbst geholfen haben, möchte ich in diesem Kapitel einige Anregungen und Tipps geben:

Bringen Sie sich selbst zum Lachen

Eine gute Möglichkeit bietet sich vor dem Spiegel: Schneiden Sie Grimassen, machen Sie sich selbst Komplimente, singen Sie, necken Sie sich selbst, bemitleiden Sie sich!

Setzen Sie sich eine rote Nase auf

Legen Sie die Clownnase griffbereit: Machen Sie einen Besuch, setzen Sie sich unverhofft eine rote Nase auf, bringen Sie die anderen Personen zum Lachen und katapultieren Sie sich dadurch selbst in eine andere seelische Verfassung!

Provozieren Sie sich selbst

Ideal beim Spazierengehen: Provozieren Sie sich selbst und warten Sie gespannt, wie sie selbst darauf antworten!

Übertreiben Sie ohne Ende

Treiben Sie das Problem auf die Spitze: Übertreiben Sie in Gedanken das Problem und seine absurden Folgen so sehr, bis Sie es lustig finden!

Schließen Sie einen Vertrag ab

Verpassen Sie sich selbst einen „Arschtritt", wie es Senzel (2011) in seinem Buch „Arschtritt" formuliert: Schließen Sie einen Vertrag mit sich selbst und listen Sie mögliche Konsequenzen auf, wenn Sie den Vertrag nicht einhalten!

Sehen Sie sich selbst in einem Film

Gratis-Kino zum Entspannen: Schauen Sie sich selbst und die eigenen Probleme in Form eines Films an, aus Sicht eines neutralen Besuchers, übertreiben Sie und gestalten Sie eine Komödie daraus!

Therapieren Sie sich selbst

Stellen Sie zwei Stühle in den Raum; wechseln Sie nun von einem Stuhl auf den anderen, auf dem einen Stuhl schildern Sie das Problem, jammern und beschweren sich, auf dem anderen Stuhl therapieren Sie, stellen Fragen, provozieren, bringen sich selbst zum Lachen, teilen Ideen und Gedanken mit!

6 „Radikale Änderungen sind möglich!“

Das folgende Interview führte Irina Lory mit José Amrein.

Was ist Humor für dich?
Humor ist, wenn man etwas von der lustigen Seite anschaut und darüber lacht.

Wie bist du auf die Idee gekommen, mit Humor in der Therapie zu arbeiten?
Ich habe schon immer Humor in der Therapie verwendet, jedenfalls wenn es passend war. Im Jahr 2000 las ich in einem Artikel von Noni Höfner, wie Humor und Provokation in Therapie und Beratung eingesetzt werden können. Ich war hellauf begeistert. So fing ich an, mich damit zu beschäftigen. Ich las viele Bücher zum Thema, habe Kurse besucht und versuchte dann, das Gelesene Schritt für Schritt umzusetzen. Es funktionierte nicht gleich auf Anhieb, aber nach und nach habe ich herausgefunden, wie man Humor und Provokation einsetzen kann.

Wo sind die Grenzen zwischen Provozieren und Verletzen?
Das A und O ist der gute Draht. Der Respekt vor dem Gegenüber ist wichtig und dass man ihm die Provokationen auch zumutet. Wenn die Beziehung stimmt, geht kaum etwas schief.
Es ist wichtig, dass man mit Fingerspitzengefühl ans Werk geht und das Vis-à-vis beobachtet. Wenn der Klient den Eindruck macht, verletzt oder eingeschnappt zu sein, soll man dies zur Sprache bringen. Dann kann man sich notfalls entschuldigen. Oder man fragt das Gegenüber: „Haben Sie dies nicht alles schon gedacht?“
Es gibt Leute, die sich in drastischer Weise in ein Problem hineingesteigert haben und es als sehr schlimm ansehen. Wenn man eine scherzhafte Bemerkung über dieses Problem macht, das für sie häufig der Mittelpunkt des Universums ist, so sind einige Personen schon mal etwas eingeschnappt. Es gab in all den Jahren jedoch noch nie einen Therapieabbruch deswegen. Es ist erstaunlich, wie selten sich Leute beim Provozieren verletzt fühlen, wenn der Draht gut ist.

Das heißt, ein klein wenig zu verletzen kann sogar helfen?
Richtig, ja. Wenn jemand eine Denkblockade hat und seit Jahren das Gefühl in sich trägt, er sei der Ärmste auf der Welt und gar nichts wert, ist diese Person schnell mal verletzt. Meistens werden dabei die Neurosen und Denkblockaden verletzt, aber nicht die Personen selbst.

Wenn man Menschen in ihrem Denken unterstützt und dabei so richtig schön übertreibt, merken sie auf einmal, wie sehr ihnen diese Gedanken schaden. Dies kann emotional treffen, es ist eine Erschütterung, eine Destabilisierung oder eine Art Verletzung festgefahrener Denkstrukturen. Dies soll aber immer nur in Bezug auf selbstschädigendes Denken und Verhalten angewendet werden. Eine kleine Erschütterung, ein kleiner Tritt in den Hintern ist oft notwendig, damit Veränderungen passieren.

Wie erklärst du dir die Wirkung von Humor beim Lösen eines Problems?
Man hat herausgefunden, dass Humor körperlich und seelisch entspannt. Auf Blutdruck und Herzschlag beispielsweise hat Humor eine sehr positive Wirkung. Wer entspannt ist, hat mehr Ideen, ist flexibler beim Finden von Lösungen und hat einen größeren Blickwinkel. Wer unter vielen Problemen leidet, geht oft mit einem Sackgassen-Blick durch die Welt, sieht alles nur noch wie in einem Tunnel und ist nicht mehr offen für andere Wege und Lösungen. Durch Humor betrachtet man das Problem von einer anderen Seite. Der offene Blickwinkel, die körperliche und emotionale Entspannung helfen, wieder ins Gleichgewicht zu kommen.
Wenn jemand über seine eigene Angst lachen kann, ist sie nicht mehr so groß und bedrohlich. Humor festigt auch den guten Draht. Menschen, die ihre Probleme hassen oder nicht gerne in die Therapie kommen, erleben Humor sehr positiv. Sie kommen in der Folge motivierter zu mir und freuen sich auf das gemeinsame Lachen.

Ist Humor eher eine Einstellung oder eine Charaktereigenschaft? Kann man Humor jemandem beibringen?
Humor lernt man im sozialen Kontext. Möglicherweise haben einige Menschen genetisch bedingt mehr Humor mitbekommen. Aber es ist ja nicht so, dass Kinder bereits in den ersten Monaten viel lachen. Dies entwickelt sich erst mit der Zeit. Einige Personen lachen viel mehr als andere, vermutlich, weil diese Personen ein Umfeld hatten, in dem viel gelacht wurde und sie dann anfingen, dies zu kopieren.
Jemand, der seit vielen Jahren sehr ernst ist, wird natürlich nicht in einem einzigen Tag humorvoller. Man kann aber Schritt für Schritt lernen, mehr Humor zu entwickeln, ein ganzes Leben lang. Es gilt, Denk- und Verhaltensweisen zu hinterfragen und zu verändern. Unterschiedliche Dinge helfen: Man könnte Länder bereisen, in denen viel gelacht wird. Man kann sich mit Leuten umgeben, die über viel Humor verfügen oder sich mit humorvollen Büchern und Filmen be-

schäftigen. Spielerisches hilft auch, zum Beispiel Theater spielen, improvisieren oder oft mit Kindern zusammen sein. Kinder lachen ja in der Regel sehr viel.

Heißt das, wenn jemand während der Therapie humorvoller wird, überträgt sich das auch in den Alltag oder hilft es nur während der Therapie?

Viele meiner Klientinnen und Klienten sagen, sie seien durch die Therapie auch im Alltag humorvoller und schlagfertiger geworden. Viele getrauen sich jetzt, auch außerhalb der Therapie zu provozieren.

Es besteht ein enger Zusammenhang zwischen Humor und Provokation. Humor ist häufig etwas frech. Viele übernehmen einiges vom Kommunikationsstil, den ich in der Therapie pflege. Dies ist beispielsweise für Kinder auf dem Pausenplatz sehr hilfreich, wenn sie nicht allzu brav sind, einen guten Spruch auf Lager haben und sich verbal wehren können.

Hilft dir Humor im Beruf oder im Alltag?

Seit ich Humor in der Therapie anwende, arbeite ich mit viel mehr Freude. Bei mir zeigt sich das darin, dass ich abends nach getaner Arbeit meist noch fit und munter bin. Auch die Rückmeldungen der Klienten betonen die positiven Aspekte des Humors.

Wenn man gestresst ist und alles zu perfektionistisch angeht, gelingt das Lachen weniger.

Privat versuche ich, mich mit humorvollen Leuten zu umgeben. Ich empfinde es als etwas sehr Schönes, wenn man Freunde hat, mit denen man viel lachen und über alles sprechen kann.

Man kann es mit dem Lachen natürlich auch übertreiben, wenn man beispielsweise immer nur blödelt. Es ist schön, wenn man Probleme auch mal von einer ernsthaften Seite anschaut und offen Gefühle dazu äußern kann, ohne immer sofort lachen zu müssen.

Humor und eine positive Einstellung? Ist es das Gleiche oder etwas Ähnliches?

Beides hängt eng zusammen. Aus einer positiven, optimistischen Einstellung resultiert positiver Humor. Negative Einstellungen und Pessimismus bewirken oft Zynismus und bösen Humor. Dieser verletzt schnell.

Beim Provozieren, wenn man freche Aussagen macht, ist man mit den Worten meist negativ. Aber das macht man vor allem, weil man den anderen spiegelt. Angenommen jemand sagt, er habe wenig Selbstvertrauen. Dann kann man beispielsweise sagen: „Ja, du bist halt eine Null." Dies sagt man aber mit warmer, liebevoller Stimme mit weichem Klang. Wenn andere immer denken, sie seien nichts wert, gibt man ihnen die Verantwortung zurück. Das erschreckt einige leicht. Sie lachen, sind meist auch verwirrt. Sie staunen: Jemand getraut sich zu sagen, was sie selbst immer denken. Bald beginnen sie, das Positive bei sich zu betonen, oft sogar schneller, als wenn man versucht, sie aufzubauen. Selbst sagt man also Dinge, die die anderen oft denken, in der Folge nennen die Leute interessanterweise schnell etwas Konstruktives. Das Negative äußert man aber so, dass der Klient merkt, dass man das selbst gar nicht glaubt. Man sagt es nicht in ernstem oder bösem Ton, sondern fast wie bei einem Flirt: „Ja, du bist halt eine Null, komm, sag ja!" Man will den anderen necken. Das macht man mit Liebe. Die Worte selbst sind negativ. Dies gibt eine Diskrepanz. Das verwirrt Menschen auf eine positive Art.

? Welche Formen von Humor oder Provokation werden in der Therapie sonst noch angewendet?

Eine gute Möglichkeit bieten Umdeutungen. Witze sind ja in dieser Weise aufgebaut. Plötzlich taucht ein anderer Blickwinkel auf. Wenn jemand ein Problem beschreibt, beleuchtet man einen absurden Teil davon oder man formuliert es so, dass es lustig wird. Spiegeln, Umdeuten und Übertreiben kann man wunderbar miteinander kombinieren.

Eine gute Möglichkeit bieten paradoxe Interventionen. Alles wird dabei um 180 Grad gedreht, die Aussagen werden in umgekehrter Richtung gemacht. Dies ist besonders geeignet, wenn die Situation festgefahren ist, wenn Probleme chronischer Natur sind oder wenn sich die Leute im Widerstand befinden. Man kann zum Beispiel jemanden animieren, vorerst gar nichts von den Schwierigkeiten zu erzählen, nichts zu tun oder das Problem sogar noch zu verstärken. Jedes Problem hat ja neben den Nachteilen auch Vorteile. Diese bringt man zur Sprache und animiert, die Vorteile noch mehr zu genießen. Man kann außerdem von Veränderung abraten. Dies löst Festgefahrenes auf.

Man verwendet häufig Bilder und Geschichten. Diese sprechen die rechte Hirnhälfte an. Man kann Geschichten erfinden und dabei übertreiben, beispielsweise indem man Geschichten mit einem brutalen Schluss erzählt. Das entspannt. Alle denken: So schlimm wird es bestimmt nicht enden.

Oder man erzählt von den Bildern, die einem spontan in den Sinn kommen. Wenn jemand den Eindruck eines Mäuschens macht, so kann man dies gleich ansprechen. Oder wenn jemand wie ein Prinz erscheint, so spricht man das sofort an. Dies hat den Vorteil, dass man dieses Bild immer wieder zur Sprache bringen kann. Durch das Ansprechen und Übertreiben werden die festgefahrenen Muster und Rollen in der Folge aufgeweicht und weniger gezeigt.

Es gibt noch viele weitere Elemente, die in freier Form miteinander kombiniert werden können. Man kann sich idiotischer verhalten als die Leute. Man spiegelt jemanden, aber zeigt ein noch extremeres Verhalten. Das kann manche Personen belustigen und entspannen. Interessanterweise beginnen viele damit, mich zu belehren, wie man das idiotische Verhalten aufgeben kann.
Karikieren ist eine weitere Möglichkeit. Eine Denkblockade wird in einer Art und Weise, wie es Karikaturisten machen, übertrieben oder aus einem anderen Blickwinkel beleuchtet. Das Gegenüber sieht plötzlich die Absurdität seiner Probleme.
Es gibt noch viele weitere Möglichkeiten. Man neckt beispielsweise: „Komm, sag doch einfach: ‚Ja, ich bin schwach'."
All diese Strategien sind besonders geeignet bei Leuten mit einer Opferhaltung. Manchmal kommt man bei solchen Personen mit anderen Mitteln kaum mehr weiter. Man animiert also jemanden, der sich immer nur als Opfer sieht, ein Opfer zu bleiben, was er dann plötzlich nicht mehr will.

Gibt es typische Fragen oder Sätze, die beim Provozieren immer wieder vorkommen?

Man stellt weniger Fragen, weil Fragen für das Gegenüber häufig auch Möglichkeiten bieten, auszuweichen. Fragen stellt man meist in provokativer Art. Jemanden, der sich zum Beispiel schlecht findet, fragt man: „Ja, gibt es denn überhaupt etwas Gutes an dir?" Je nachdem was er antwortet, fragt man auch: „Können Sie mir drei Sachen nennen, die gut an Ihnen sind?" Wenn das Vis-à-vis dann nichts nennt, kann man beispielsweise mit einem Augenzwinkern entgegnen: „Also gibt es gar nichts Gutes an Ihnen. Bestimmt sind Sie der einzige Mensch auf der Erde, der nichts Positives zu bieten hat." Man geht also forscher zur Sache, mit sanften Fragen arbeitet man beim Provozieren weniger.
Der Begründer der Provokativen Therapie, Frank Farrelly, verwendete öfters ähnlich klingende Sätze. Zum Beispiel sagte er: „In Ihrem Alter noch entspannt zu werden, vergessen Sie das!" Man kann einen Satz mit „In Ihrem Alter ..." anfangen und von Veränderung abraten. Mit der Zeit hat man begriffen, wie der Ansatz funktioniert: Gegenüber der normalen Kommunikation kehrt man vieles ins Gegenteil. Man ermuntert also nicht, sondern animiert den anderen, den negativen Gedanken beizupflichten.
Die Methode ist sehr kreativ. Es gibt überhaupt keine Vorgaben, es gibt kein Programm. Man kann je nach Vorlieben Elemente davon verwenden. Wenn der andere lacht oder emotional berührt wird, ist der Nutzen unglaublich hoch. Und immer wieder erlebe ich: Radikale Änderungen sind möglich.

Wie merkst du, wann Humor angebracht ist oder wann es ihn sogar wirklich braucht, weil es sonst nicht weiterginge?

Humor ist sehr geeignet, wenn Situationen festgefahren sind, wenn alle sehr ernst sind, wenn alles schwer wird und man das Gefühl hat, jetzt geht gar nichts mehr. Lachen ist für alle Beteiligten sehr wohltuend. So tauchen neue Perspektiven auf.

Nicht sinnvoll ist es beispielsweise, wenn etwas Akutes – wie ein Todesfall – oder etwas Traumatisches passiert ist. In solchen Situationen ist es besser, wenn man zuerst stabilisiert und nicht verwirrt oder provoziert. Humor ist dann meist nicht angebracht.

Gibt es psychische Probleme oder Krankheiten, bei denen Humor und Provokation unangebracht sind?

Bei Kindern bis zum 7. Lebensjahr sollte man den kognitiven Entwicklungsstand berücksichtigen. Kleine Kinder verstehen Humor über Worte noch nicht im gleichen Maß. Bei ihnen kann man mit dem Spiegeln des Verhaltens und mit der Verwendung von Handpuppen Erstaunliches erreichen. Es sind auch die eigenen Grenzen, die man berücksichtigen sollte. Ich hätte mich am Anfang nie getraut, bei depressiven Personen zu provozieren. Inzwischen mache ich dies aber – in vielen Fällen mit großer Wirkung. Es gab aber auch Personen, bei denen es nicht sehr viel verändert hat. Humor und Provokation sind nicht Allerweltsmittel, die jedes Problem lösen.

Wenn man sich das Provozieren zutraut, funktioniert es sehr gut. Wenn man jedoch selbst Angst hat und fast zittert, ob man jetzt etwas Humorvolles sagen darf, merkt es der andere und es kommt meistens weniger gut an. Frank Farrelly erreichte auch mit Personen, die unter Schizophrenie oder Depressionen litten und in der Psychiatrischen Klinik waren, große Erfolge. Er sagte, Humor und Provokation anzuwenden sei ganz einfach, bloß die ersten 10.000 Sitzungen seien etwas schwieriger. Ich bin inzwischen schon bei 9.900 Sitzungen. Es wird immer einfacher.

Passt du die Art des Humors dem Charakter der Person an?

Nicht jeder Mensch lacht über das Gleiche. Mit der Zeit schafft man es, immer mehr Personen zum Lachen zu bringen. Und wenn es einmal nicht klappt, soll man dies anerkennen und sich sagen: „Da finde ich zurzeit nichts, womit ich den anderen zum Lachen bringen kann."

Gewisse Probleme sind ja nicht einfacher Natur. Außerdem gibt es viele Menschen, die in einer gewissen Art mit ihrem Problem und Symptom verheiratet sind, seit Jahren oder Jahrzehnten ständig ums Gleiche kreisen. Es ist nicht ganz einfach, solche Personen zum Lachen zu bringen, vor allem in Bezug auf ihre Probleme. Bei diesem Ansatz kann man ein ganzes Leben dazulernen. Ich finde das wunderbar.

Was sind im Vergleich zu anderen Therapieformen die größten Vor- und Nachteile der provokativ-humorvollen Therapie?

Die Vorteile überwiegen deutlich. Schon ein einziges Gespräch bewirkt oft große Veränderungen. Der Ansatz macht allen Beteiligten viel Spaß. Das ist ein enormer Vorteil. Auch von Klienten höre ich dies oft. Außerdem tritt Widerstand seltener auf. Der Ansatz wirkt auf viele unbewusste Prozesse.

Die Methode ist bei der Arbeit mit Jugendlichen besonders gut einsetzbar. Jugendliche scheinen diesen Stil besonders zu lieben, weil es schnell zur Sache geht und man nicht eine zu einfühlsame Art an den Tag legt.

Von außen sieht es manchmal sehr simpel aus. Ganz so einfach ist es jedoch nicht. Anfänglich benötigt man einigen Mut, um die direkten, frechen Bemerkungen über die Lippen zu bringen. Man soll den anderen zum Lachen bringen, ihn gleichzeitig aber auch fordern und genug übertreiben. Beraterinnen und Berater sollten einerseits kreativ, entspannt und einfühlsam sein, und doch auch immer beobachten, ob das richtige Maß an gefühlsmäßiger Beteiligung erreicht ist.

Nachteile für die Klienten tauchen auf, wenn der provokativ-humorvolle Ansatz ohne guten Draht angewendet wird. Man kann auch am Ziel vorbeischießen, wenn mit Humor und Provokation gearbeitet wird.

Welches Erlebnis hat dich im Zusammenhang mit humorvoller Therapie am meisten beeindruckt?

Es gibt viele berührende Erlebnisse und Geschichten. Eltern erzählten mir, sie hätten nach der Beratung alles zu Hause ausprobiert und es habe bei den eigenen Kindern überraschend schnell funktioniert. Eine Mutter mit einem 4-jährigen Kind, die sich bis dahin in viele stundenlange Machtkämpfe verstrickt hatte, stampfte beim nächsten Wutanfall des Kindes mit. Das Kind begann zu lachen und der Machtkampf war sofort vorbei. Unglaublich!

Eine andere Mutter berichtete, dass sie so genervt gewesen sei, weil ihr Sohn – trotz Verbot – immer eine Mütze im Haus trug. Sie habe nach dem Humorkurs einen alten Hut aus dem Keller geholt und ihn mit großer Begeisterung getragen. Der Sohn habe sie ganz komisch angeschaut. Ohne dass sie etwas sagen musste, habe er die Mütze weggelegt. Die Mutter hatte sich außerordentlich amüsiert und das Problem war elegant gelöst. Ist das nicht wunderbar?

7 Umsetzung und Zusammenfassung

Wer aus den bisherigen Zeilen das Fazit zieht, Humor benötige zu viel Leichtigkeit, Risikobereitschaft, Kreativität und kindliche Spiellust, während dagegen die Vorteile eines sicheren, sehr ernsten und braven Lebensstils überwiegen, halte sich an folgende Regeln:

1. Folge nie deinem ersten Impuls! Das ist gefährlich.
2. Geh das Leben nach perfektionistischen Plänen an und erlaube nie eine Abweichung!
3. Meide spontane, herzliche Menschen!
4. Pflege eine pessimistische Sichtweise!
5. Umgehe Überraschungen!
6. Strebe deine Ziele verbissen an und erlaube dir nie einen Fehler!
7. Unterbinde deine spielerischen und kindlichen Neigungen! Sage nie etwas Spontanes!
8. Suche die Sicherheit und meide jeglichen Spaß!
9. Pflege Stress, Anspannung und Hektik! Nimm dir zu viel vor!
10. Sieh das Leben als eine enge Sackgasse!

Wer aber Lust und Interesse verspürt, vermehrt Humor, Überraschung und positive Verwirrung in Beruf und Alltag zu bringen, der findet in der folgenden Übersicht nochmals die wichtigsten Bedingungen zusammengestellt, damit humorvolle Interventionen von Erfolg gekrönt sein werden:

Bedingungen, damit humorvolle, provokative und paradoxe Interventionen gelingen	Bedingungen, damit humorvolle, provokative und paradoxe Interventionen nicht gelingen
guter Draht	schlechter Draht
empathische Grundhaltung	egozentrische Grundhaltung
gegenseitige Sympathie	Antipathie
gutes Grundklima	schlechtes Grundklima
die Person gegenüber wird geachtet	die Person gegenüber wird nicht wertgeschätzt

Bedingungen, damit humorvolle, provokative und paradoxe Interventionen gelingen	Bedingungen, damit humorvolle, provokative und paradoxe Interventionen nicht gelingen
gemeinsam lachen können	sich über den anderen lustig machen
dem Gegenüber den Spiegel zeigen	das Gegenüber verändern wollen
Neutralität	dem Gegenüber Schuld zuschieben
Humor gegenüber eigenen Frustrationen	Zynismus infolge eigener Frustrationen
Gutes für den anderen wollen	dem Gegenüber schaden wollen
Gleichwertigkeit mit dem Gegenüber	sich über das Gegenüber stellen
Authentizität, Ehrlichkeit	unklare Andeutungen
Geduld	Ungeduld
Verantwortung liegt beim Gegenüber	Verantwortung für Ziele des Gegenübers
Direktheit	versteckte Vorwürfe
spielerische Art	verbissene Art
Herzenswärme	Kopflastigkeit
grundsätzliche Liebe zu den Menschen	Menschenverachtung
optimistische Sichtweise	pessimistische Sichtweise
Offenheit	vieles wird verschwiegen/tabuisiert
mittlere emotionale Erregung	zu hohe/tiefe emotionale Erregung
Spaß und Freude an der Begegnung	Nüchternheit in der Begegnung
emotionale, körperliche Berührungen	emotionale, körperliche Distanz
vertrauensvolle Beziehung	zurückhaltende Kommunikation
die Welt mit den Augen des anderen sehen	eigene Perspektive dominiert
spontan, aus dem Moment heraus	geplant, künstlich, technisch
wie zu seinem besten Freund sprechen	wie zu einem Fremden sprechen
Probleme mit etwas Distanz betrachten	keine Distanz zu Problemen
gutes Feingefühl	wenig Feingefühl
Uneigennützigkeit und Wohlwollen	die Person gegenüber für eigene Bedürfnisse benutzen
Freude am liebevollen Necken	wenig Spaß am Necken

7.1 Spiele zur Förderung von Humor und Spontaneität

Spielerisches Vorgehen kann eine lockere, entspannte Atmosphäre schaffen. Es fördert die humorvollen und kreativen Fähigkeiten und verbessert die eigene Schlagfertigkeit und Spontaneität, alles Eigenschaften, die für die Anwendung von humorvollen, provokativen und paradoxen Interventionen wichtig sind. Die Spiele animieren zu häufigem Lachen und erhöhen die geistige Flexibilität im Alltag. Hier einige Spielideen (vgl. Johnstone 1998, Höfner 2015):

1. Beim gemeinsamen Gespräch werden alle Vokale durch A ersetzt. Fehler sind erwünscht! Das Gespräch braucht nicht druckreif zu sein, sondern soll vor allem Spaß machen.
2. Wir erfinden zusammen eine Geschichte. Person A sagt den ersten Satz, Person B fügt den zweiten Satz hinzu usw. Der erste Gedanke ist meistens der beste. Alle müssen immer innerhalb von zwei Sekunden antworten. Sonst muss man so tun, als ob man stürbe. Wer gestorben ist, erhält ein neues Leben und beginnt eine neue Geschichte.
3. Wir erfinden zusammen eine Geschichte. Person A spricht das erste Wort des Satzes, Person B fügt das zweite Wort des Satzes hinzu usw. Alle müssen immer innerhalb von zwei Sekunden den Satz fortführen. Sonst muss man so tun, als ob man stürbe.
4. Person A spricht jeweils einen Satz in einer Fantasie-Fremdsprache. Person B übersetzt.
5. Person A nennt ein Wort, Person B muss innerhalb von zwei Sekunden ein Wort nennen, welches ihr assoziativ dazu einfällt. Nach zwei Minuten werden die Rollen getauscht.
6. Person A fängt Sätze an. Person B muss die Sätze innerhalb von zwei Sekunden beenden.
7. Je ein Finger von Person A und Person B spielen eine Person und sprechen miteinander.
8. Jede Person muss eine Minute lang ohne Unterbrechung erzählen, was sie alles gut kann. Falls ihr nichts Neues einfällt, wiederholt sie den vorangegangenen Satz.
9. Das Gespräch wird fünf Minuten lang singend geführt.
10. Zwei Personen machen abwechselnd Aussagen über sich. Jede Person will die schlechtere sein und jammert mehr als die andere. Nach zwei Minuten geht es in die Gegenrichtung: Jede Person will die bessere sein.

11. Gemeinsam machen wir Pauschalaussagen über Männer/Frauen im Allgemeinen und übertreiben immer mehr.
12. Wir suchen zu bestimmten „Macken" möglichst viele Vorteile und humorvolle Komponenten.
13. Wir sprechen über ein bestimmtes Problem und darüber, warum es lohnenswert ist, es beizubehalten.
14. Person A stellt zwei Minuten lang Fragen. Person B muss immer innerhalb von zwei Sekunden antworten. Sonst muss man so tun, als ob man stürbe.
15. Person A stellt zwei Minuten lang Fragen. Person B muss immer innerhalb von zwei Sekunden antworten. Alle Antworten müssen erfunden sein. Sonst muss Person B so tun, als ob sie stürbe.
16. Wir sammeln zu bestimmten Problemen möglichst viele positive Aspekte.
17. Wir unterhalten uns fünf Minuten ohne Worte.
18. Wir machen ein Spiel in der Runde: Wer zuletzt lacht, hat gewonnen.
19. Person A nennt drei ihrer Schwächen. Person B wiederholt die Schwächen. A macht dazu Faxen und blödelt.
20. Wir erzählen einander Witze, lustige Episoden aus Filmen oder aus dem eigenen Leben.

7.2 Aufgaben, Spiele und Experimente

Aufgabe 1
Organisieren Sie einen Abend mit lustigen Videos, Texten und Spielen und laden Sie Ihre Freunde ein! Verwenden Sie Texte aus diesem Buch!

Aufgabe 2
Folgen Sie eine Stunde pro Woche Ihren kindlichen und spielerischen Impulsen! Genießen Sie Fangspiele, Wasserschlachten und zielloses Spielen!

Aufgabe 3
Machen Sie einmal pro Woche etwas Außergewöhnliches! Fangen Sie mitten in einem Gespräch an zu singen, setzen Sie eine rote Clownnase auf, tanzen Sie in einer Streitdiskussion!

Aufgabe 4
Wechseln Sie für 10 Minuten die Rolle mit Ihrem Partner/Ihrer Partnerin oder einer anderen Person! Machen Sie Komplimente, beschweren Sie sich und genießen Sie den Spaß des Rollentausches!

Aufgabe 5
Spielen Sie schwierige Situationen, die häufig wiederkehren oder die Ihnen Sorge bereiten, vorab in Gedanken durch und sammeln Sie dabei möglichst viele kreative Ideen! Auch Außergewöhnliches und Ungewohntes kann viel bewirken.

Aufgabe 6
Versuchen Sie in jeder Begegnung Ihr Vis-à-vis mindestens einmal zum Lachen zu bringen!

Aufgabe 7
Zählen Sie eine Woche lang, wie oft Sie pro Tag lachen! Wenn Sie mehr als 15-mal pro Tag lachen, sind sie über dem durchschnittlichen Wert einer erwachsenen Person.

Aufgabe 8
Schreiben Sie in eine Liste möglichst viele positive Eigenschaften einer Person, die Ihnen unsympathisch ist! Machen Sie dieser Person bei der nächsten Begegnung ein ehrlich gemeintes Kompliment mit einer Aussage aus Ihrer Liste!

Aufgabe 9
Suchen Sie bei einem Weg, den Sie oft gehen, nach Umwegen oder Alternativen! Gehen Sie den Weg in umgekehrter Richtung und in einer völlig neuen Art!

Aufgabe 10
Machen Sie einen Monat lang täglich ein Spiel von der Spiel-Liste aus Kapitel 7.1!

Aufgabe 11
Erstellen Sie eine Liste mit Dingen, die Sie unbedingt vor Ihrem Tod einmal machen möchten! Hängen Sie die Liste an einem sinnvollen Ort auf!

Aufgabe 12

Stellen Sie zwei Stühle auf und therapieren Sie sich selbst! Auf dem einen Stuhl erzählen Sie Ihre Probleme. Dann wechseln Sie auf den anderen Stuhl und entgegnen etwas Passendes, etwas Humorvolles oder Aufbauendes! Sie können frei zwischen den Stühlen hin- und herpendeln. Weitere Ideen dazu finden Sie in Kapitel 5.3.

Aufgabe 13

Der eigene Humor basiert auf den bisherigen Erfahrungen und kann ein Leben lang optimiert werden. Folgende Fragen animieren dazu, sich damit zu beschäftigen.

Diskutieren und beantworten Sie folgende Fragen:

- In welchen Situationen haben Sie als Kind gelacht?
- Welche Bezugspersonen haben Ihren Humor gefördert?
- Welche Witze und Anekdoten fallen Ihnen ein?
- Wann waren Sie zum letzten Mal total begeistert?
- Wann hatten Sie den letzten Lachanfall?
- Wann haben Sie zum letzten Mal „Blödsinn“ gemacht?
- Was finden Sie humorvoll und komisch?
- In welchen Situationen hilft Ihnen Humor?
- Welche Komiker und Humoristen gefallen Ihnen?
- Welche Filme und Bücher bringen Sie zum Lachen?
- Was hindert Sie, das Leben leichter und lockerer zu nehmen?
- Was würde Ihnen helfen, noch humorvoller zu werden?
- Erinnern Sie sich an Situationen, in denen Sie besonders viel und gern gelacht haben. Was war anders als in sehr ernsten Situationen?
- Was haben Sie jeweils dazu beigetragen, dass die Situation so humorvoll wurde?
- Wie humorvoll sind Sie a) im Beruf b) im Privaten von 1-10 (1 wenig, 10 sehr humorvoll)?
- Welche Ihrer Fähigkeiten tragen dazu bei, dass Ihr Humorwert nicht bei 1 ist?
- Wie könnten Sie Ihren Humorwert erhöhen?
- Welche Hindernisse und Schwierigkeiten müssen Sie aus dem Weg räumen, damit Ihnen provokative, humorvolle und paradoxe Interventionen häufiger gelingen?

Aufgabe 14

Wählen Sie aus Kapitel 1.5 eine bestimmte Anzahl Fragen und beantworten Sie diese für sich selbst oder mit anderen Menschen!

Aufgabe 15

Schreiben Sie selbst humorvolle und provokative Fragen auf und beantworten Sie diese für sich selbst oder mit anderen Menschen!

Aufgabe 16

Den eigenen Humor und die innere Einstellung kann man ein Leben lang verbessern. Die folgende Tabelle animiert, sich damit auseinanderzusetzen.

Füllen Sie die folgende Tabelle aus:

A. Selbsteinschätzung: Bewerten Sie sich und Ihre Haltung von 1-10 (wobei 10 für einen optimalen und 1 für einen minimalen Wert steht).

B. Fremdeinschätzung: Lassen Sie sich von anderen bewerten, jedoch ohne dass diese Ihre Selbsteinschätzung sehen. Vergleichen Sie die Werte und sprechen Sie darüber.

C. Kreuzen Sie ein bis drei Punkte an, die Sie gerne verbessern möchten.

D: Überlegen Sie, wie Sie einen Punktwert verbessern könnten. Wie würden Sie dann anders denken oder handeln? Wie könnte dies geschehen? Wann hatten Sie schon einen höheren Punktwert? Wie könnten Sie das wiederholen?

	A: Selbsteinschätzung	B: Einschätzung durch ______	B: Einschätzung durch ______
1. Ich habe einen guten Humor.			
2. Ich kann zu anderen schnell einen guten Draht aufbauen.			
3. Ich kann andere gut zum Lachen bringen.			
4. Ich habe Humor gegenüber Problemen und Fehlern.			

	A: Selbst-einschät-zung	B: Einschät-zung durch ________	B: Einschät-zung durch ________
5. Ich lache genug.			
6. Ich zeige meine spielerischen und kindlichen Seiten.			
7. Ich habe genug humorvolle Freundinnen und Freunde.			
8. Ich bin für manchen Spaß zu haben.			
9. Ich kann andere gut und amüsant spiegeln.			
10. Ich nehme das Leben und seine Probleme meist locker.			
11. Ich kann andere gut necken.			
12. Ich habe eine erfrischende, angenehme Direktheit.			
13. Ich bin bei meinen Freunden beliebt.			
14. Ich bin spontan.			
15. Ich bin schlagfertig.			
16. Ich bin gut zu mir.			
17. Ich übernehme die Verantwortung für mein Leben.			
18. Ich stelle mir angemessene Ziele.			
19. Ich reserviere mir genügend Zeit für mich selbst.			
20. Ich gestalte das Leben aktiv.			

	A: Selbst-einschät-zung	B: Einschät-zung durch ______	B: Einschät-zung durch ______
21. In meinem Leben muss nicht alles so perfekt ablaufen.			
22. In Konflikten kann ich ruhig und klar bleiben.			
23. Ich bin Neuerungen und Veränderungen gegenüber aufgeschlossen.			
24. Ich betrachte das Leben mit Gelassenheit und Weitblick.			
25. Ich kann mich gut in andere Menschen hineinversetzen.			
26. In meinem Leben muss nicht alles so geplant ablaufen.			
27. Ich bin mir meiner Grenzen bewusst und lerne, sie zu erweitern.			
28. Ich betrachte mich und die Mitmenschen als gleichwertig.			
29. Ich kann mich selbst gut aufbauen.			
30. Ich gebe mich meistens so, wie ich bin, ohne mich zu verstellen.			
31. Trotz Stress kann ich meistens ruhig und gelassen bleiben.			
32. Meine Bedürfnisse sind ebenso wichtig wie diejenigen der anderen.			
33. Ich sehe Probleme als Herausforderungen.			
34. Bei Konflikten sehe ich viele Möglichkeiten und Wege.			
35. Ich betrachte das Leben mit Optimismus und Zuversicht.			

	A: Selbst-einschät-zung	B: Einschät-zung durch ________	B: Einschät-zung durch ________
36. Mein Leben macht mir Spaß.			
37. Ich kann mich sinnvoll und schlagfertig wehren.			
38. Ich habe angemessene Erwartungen an meine Mitmenschen.			
39. Es müssen nicht alle meine Erwartungen erfüllt werden.			
40. Ich kann auf Kritik von anderen angemessen reagieren.			
41. Ich kann mit meinen Fehlern und Missgeschicken gut umgehen.			
42. Ich kann gut genießen und abschalten.			
43. Auch in schwierigen Situationen pflege ich Humor.			
44. Ich sehe das Leben öfters aus verschiedenen Blickwinkeln.			
45. Ich kann andere grundsätzlich so akzeptieren, wie sie sind.			
46. Ich kann um Hilfe bitten und verliere dabei nicht mein Gesicht.			
47. Ich kann Gefühle zeigen und bin deshalb nicht schwach.			
48. Ich finde mich grundsätzlich okay, wie ich bin.			
49. Ich muss nicht bei allen beliebt sein.			
50. Ich kann mit Widerstand gut umgehen.			

Aufgabe 17

Wählen Sie eines der folgenden Zitate aus, schreiben Sie es auf ein DIN-A4-Blatt und hängen Sie es irgendwo auf, so dass Sie es immer wieder mal sehen!

„Eigentlich wäre ich ganz anders. Ich komme nur so selten dazu.“
Kurt Tucholsky

„Humor ist die Einheit von Witz und Liebe.“
William Thackeray

„In zwanzig Jahren wirst du mehr von den Dingen enttäuscht sein, die du nicht getan hast, als von den Dingen, die du getan hast.“
Mark Twain

„Lächeln ist die eleganteste Art, seinem Gegner die Zähne zu zeigen.“
Unbekannt

„Der humorvolle Mensch behandelt sich selber wie ein Kind und spielt gleichzeitig diesem Kind gegenüber die Rolle liebevoller Eltern.“
Sigmund Freud

„Zwischen Lachen und Spielen werden die Seelen gesund.“
Arabische Weisheit

„Mein Leben war voll von Unglück, und das meiste ist nie passiert.“
Michel de Montaigne

„Lache dreimal am Tag mit deinem Kind und es geht beiden gut.“
Heinrich Pestalozzi

„Jedes Ding hat drei Seiten, eine positive, eine negative und eine komische.“
Karl Valentin

„Der Humor trägt die Seele über Abgründe hinweg und lehrt sie, mit ihrem eigenen Leid spielen.“
Ludwig Andreas Feuerbach

„Niemand kennt den Tod, und niemand weiß, ob er für den Menschen nicht das allergrößte Glück ist.“
Sokrates

„Jedes Lachen vermehrt das Glück der Erde.“
Jonathan Swift

„Ich bezweifle alles, sogar meine eigenen Zweifel.“
Gustave Flaubert

„Humor ist der Knopf, der verhindert, dass einem der Kragen platzt.“
Joachim Ringelnatz

„Man kann alles kopieren, nur die Echtheit nicht.“
Sundari

„Humor ist der beste Schwimmring auf dem Strom des Lebens.“
Wilhelm Raabe

„Es ist unmöglich, witzig zu sein ohne ein bisschen Bosheit.
Die Bosheit eines guten Witzes ist der Widerhaken, der ihn haften lässt.“
Richard Brinsley Sheridan

„Humor ist die Medizin, die am wenigsten kostet und am sichersten hilft.“
Deutsches Sprichwort

„Wenn wir bedenken, dass wir alle verrückt sind, ist das Leben erklärt.“
Mark Twain

„Ohne Spaß wird der Mensch ein Essigtopf.“
Schwäbisches Sprichwort

„Jeder hat ein Brett vor dem Kopf – es kommt nur auf die Entfernung an.“
Marie von Ebner-Eschenbach

„Nichts in der Welt wirkt so ansteckend wie Lachen und gute Laune.“
Charles Dickens

„Ein Scherz entscheidet oft die größten Sachen treffender und besser als Ernst."
Horaz

„Das ganze Leben ist ein Experiment. Je mehr Experimente du anstellst, desto besser."
Ralph Waldo Emerson

„Humor zu haben ist die List, zu lachen, wenn's zum Weinen ist."
Wilhelm Busch

„Mit deiner Rede kannst du lügen, mit deinem Lachen nicht."
Indisches Sprichwort

„Lachen ist eine Macht, vor der die Größten dieser Welt sich beugen müssen."
Emile Zola

„Sonnenschein wirkt köstlich. Regen erfrischt. Wind rüttelt auf. Schnee erheitert. Woher kommt das schlechte Wetter her?"
John Ruskin

„Wer lächelt, statt zu toben, ist der Stärkere."
Japanische Weisheit

„Der Humor ist keine Gabe des Geistes, sondern des Herzens."
Ludwig Börne

„Scherz im Schmerz, das gibt Humor."
Moritz Gottlieb Saphir

„Der Humor nimmt die Welt hin, wie sie ist, sucht sie nicht zu verbessern und zu belehren, sondern mit Weisheit zu ertragen."
Charles Dickens

„Verstand und Genie rufen Achtung und Hochschätzung hervor,
Witz und Humor erwecken Liebe und Zuneigung."
David Hume

„Humor ist die äußerste Freiheit des Geistes."
Ludwig Börne

„Habe Geduld. Alle Dinge sind schwer, bevor sie leicht werden."
Saadi

„Das ist Humor: durch die Dinge durchsehen, wie wenn sie aus Glas wären."
Kurt Tucholsky

„Kluge Menschen machen nicht alle Fehler selbst.
Sie geben auch andern eine Chance."
Winston Churchill

„Es erscheint immer unmöglich, bis man es gemacht hat."
Nelson Mandela

„Glücklich ist der Mensch, der über sich selbst lachen kann.
Er wird immer etwas haben, was ihn belustigt."
Habib Bourguiba

„Wer mich ärgert, bestimme ich."
Winston Churchill

„Humor ist gesunder Menschenverstand, der tanzt."
Aus England

„Mische ein bisschen Torheit in dein ernsthaftes Tun und Trachten! Albernheiten im rechten Moment sind etwas ganz Köstliches."
Horaz

„Am liebsten erinnern sich die Frauen an die Männer, mit denen sie lachen konnten."
Anton Tschechow

„Gelassenheit kann man lernen. Man braucht dazu vor allem Bereitschaft, sich von den alten, eingefahrenen Bahnen zu lösen, in denen unser Denken und Handeln sich häufig bewegt."
Ludwig Bechstein

Illustrationen mit freundlicher Genehmigung von ©Peter Gaymann, Schäftlarn, www.gaymann.de

7.3 Anregungen für die erfolgreiche Umsetzung

Folgende Punkte helfen Ihnen, humorvolle, provokative und paradoxe Interventionen mit Erfolg anzuwenden:

- Die innere Haltung und der gute Draht sind das Wichtigste! Wer mit Herzenswärme und Menschenliebe ans Werk geht, riskiert wenig.
- Entwickeln Sie den eigenen Humor weiter, orientieren Sie sich an den eigenen Stärken!
- Üben Sie mit den besten Freunden und Lieblingsklienten!
- Schärfen Sie Ihren Sinn für Humor!
- Legen Sie sich eine Sammlung humorvoller Bücher an (Ephraim Kishon, Horst Evers, Wilhelm Busch etc.)!
- Erstellen Sie eine Sammlung mit Cartoons und Comics (Peter Gaymann, Uli Stein, Mordillo etc.)!
- Sammeln Sie humorvolle Videos (Loriot, Versteckte Kamera etc.)!
- Sehen Sie humorvolle, provokative und paradoxe Elemente nicht als Technik an, sondern rücken Sie sie als die innere Haltung ins Zentrum!
- Wenden Sie die Lehnstuhltechnik an: Gehen Sie unbefriedigende Situationen zu Hause durch und finden Sie schlagfertige Antworten, erstellen Sie eine Sammlung von den Vorteilen problematischer Verhaltensweisen!
- Statten Sie Wartezimmer, Wohnzimmer & WC mit Literatur, Cartoons und Spruchtafeln aus!
- Legen Sie sich eine Sammlung aus guten Witzen, Anekdoten und Sprüchen zu!
- Trainieren Sie Ihre Improvisationsfähigkeit (Improvisationstheater, Gesellschaftsspiele etc.)!
- Genießen Sie Kindliches und Spielerisches, blödeln Sie, seien Sie wie ein Kind, bauen Sie Handpuppen und Spiele in den Alltag ein!
- Humorvolle und provokative Äußerungen lassen sich in vielen Berufs- und Alltagssituationen einbauen. Unentwegtes Witzig- und Provokativ-Sein kann jedoch unsympathisch wirken!
- Formulieren Sie Äußerungen so überspitzt, dass sie zum Lachen anregen!
- Beobachten Sie das nonverbale Verhalten Ihres Vis-à-vis!
- Achten Sie auf mittlere emotionale Erregung bei den Klienten!
- Humor kann bei sehr heftigen Emotionen (Angst, Stress, Ärger) entspannen, bei einem Mangel an Emotionen (wenig Motivation, Langeweile) können provokative und paradoxe Elemente aktivierend wirken.

- Attackieren Sie Klienten selbst nicht zu heftig, sondern eher ihr Weltbild.
- Fordern Sie Rückmeldungen ein, klären Sie Unklarheiten!
- Vermitteln Sie Sicherheit auf nonverbalem Weg (eigene Einstellungen überprüfen)!
- Fragen nach Ressourcen und Stärken können neue Sicherheit vermitteln.

Die Metakommunikation am Schluss ist von großer Wichtigkeit. Mögliche Punkte:

- „Wie war dieses Gespräch für Sie? War es in irgendeiner Form hilfreich? Hat Sie etwas gestört oder verletzt?"
- Berücksichtigen Sie bei der Arbeit mit Kindern den kognitiven Entwicklungsstand (viele nonverbale Elemente einbauen, das Kind öfters spiegeln und das Lachen in den Augenwinkeln nicht vergessen)! Kinder sollen immer wissen, was ernst und was humorvoll gemeint ist. Ironische Bemerkungen sind in der Regel erst ab dem 7. Lebensjahr möglich.
- Für die Therapie mit Kindern: Suchen Sie humorvolle Bücher, Cartoons und Spiele!

Bei eventuellen Problemen:

- Überprüfen Sie Ihre eigene Geisteshaltung und Ihr Menschenbild!
- Suchen Sie nach eigenen Wachstumsbremsen und eigenen Blockaden!
- Gehen Sie Misserfolge mit Humor an!
- Entschuldigungen wirken bei allfälligen Verletzungen Wunder!

7.4 Das Wichtigste in Kürze

1. Humor fördert die Entspannung auf natürliche Weise und kann in Therapie, Beratung, Coaching sowie in Beruf und Alltag Erstaunliches bewirken.
2. Humor entsteht häufig, wenn die positiven und absurden Seiten eines Problems gesehen werden.
3. Humorvolle, herausfordernde und paradoxe Äußerungen sind hochwirksame Mittel in der Beratung und Therapie, aber auch ganz allgemein in Alltagsgesprächen. Sie können jederzeit mit anderen Kommunikationsstilen und Gesprächsformen kombiniert werden.
4. Humorvolle, provokative und paradoxe Interventionen eignen sich ganz besonders, wenn mit üblichen Mitteln wenig erreicht werden kann.
5. Das Spiegeln und Übertreiben von Denk- und Verhaltensweisen kann unser Gegenüber zum Lachen bringen und bewirkt oft Kehrtwendungen bei festgefahrenen Mustern.
6. Wer herausfordern möchte, sollte einen guten Draht und eine gute Beziehung zum Gegenüber aufbauen, an den anderen und dessen Entfaltungsmöglichkeiten glauben und eine positive Einstellung zum Leben pflegen.
7. Werden Menschen dazu animiert, problematisches Verhalten fortzusetzen oder es zu verstärken, neigen sie oft dazu, sich auf neue Verhaltensweisen einzulassen.
8. Statt sich zu ärgern und immer wieder das Gleiche zu tun, ist es oft viel wirkungsvoller, das Gegenüber zu akzeptieren und selbst etwas Neues und Überraschendes zu tun.
9. Möglichkeiten für Humor in Beruf und Alltag bieten sich in großer Palette an: übertreiben, etwas aus einer anderen Sichtweise formulieren, spiegeln, etwas erfinden, Geschichten erzählen, Vorteile suchen, necken, auf das Alter anspielen, sich selbst auf die Schippe nehmen.
10. Freche Zitate, witzige Cartoons und humorvolle Sprüche eignen sich bestens für Wartezimmer, WC und Wohnzimmer.

Illustrationen mit freundlicher Genehmigung von ©Peter Gaymann, Schäftlarn, www.gaymann.de

Literatur

Cordes, Charlotte (2017): Sie lachen das schon! Leipzig: Baumgarth.

Dobelli, Rolf (2009): Wer bin ich? 777 indiskrete Fragen. Zürich: Diogenes.

Farrelly, Frank (1986): Provokative Therapie. Berlin: Springer.

Frankl, Viktor E. (2002): ... trotzdem Ja zum Leben sagen. Ein Psychologe erlebt das Konzentrationslager. München: dtv.

Frankl, Viktor E. (1975): Ärztliche Seelsorge. München: Kindler.

Frick, Jürg (2007): Die Kraft der Ermutigung. Grundlagen und Beispiele zur Hilfe und Selbsthilfe. Bern: Hans Huber.

Frisch, Max (1998): Fragebogen. Frankfurt: Suhrkamp.

Furman, Ben (2005): Es ist nie zu spät, eine glückliche Kindheit zu haben. Dortmund: borgmann.

Gruntz-Stoll, Johannes (1997): Einfach verflixt – verflixt einfach. Paradoxe Situationen – Paradoxe Interventionen. Dortmund: borgmann.

Johnstone, Keith (1998): Theaterspiele. Spontaneität, Improvisation und die Kunst des Geschichtenerzählens. Berlin: Alexander.

Hain, Peter (2001): Das Geheimnis therapeutischer Wirkung. Heidelberg: Carl-Auer.

Höfner, Charlotte (2015): Mut zur Improvisation. München: Knoll und Patze.

Höfner, Eleonore (2004): Das wäre doch gelacht! Humor und Provokation in der Therapie. Berlin: Rowohlt.

Höfner, Eleonore (2011): Glauben Sie ja nicht, wer Sie sind! Grundlagen und Fallbeispiele des Provokativen Stils. Heidelberg: Carl-Auer.

Krogerus, Mikael (2009): Fragebuch. Was ich dich schon immer mal fragen wollte. Zürich: Kein & Aber.

Little, Bill L. (2010): Selbstzerstörung leicht gemacht. Bern: Hans Huber.

Lukas, Elisabeth (2001): Auf den Stufen des Lebens. Meine bewegendsten Fallbeispiele. Gütersloh: Quell.

McFarlane, Evelyn (2001): Wie weit würdest du gehen? Das Buch der provokativen Fragen. Bern: Scherz.

Öttl, Christine (2007): Das 1x1 der Schlagfertigkeit. So reagieren Sie jederzeit souverän. München: Gräfe und Unzer.

Rosenberg, Marshall (2016): Gewaltfreie Kommunikation. Eine Sprache des Lebens. Paderborn: Junfermann.

Rush, Caroline (2005): Der kleine Lachtherapeut. Eine Psychologie des Humors. Stuttgart: Kreuz.

Senzel, Holger (2011): Arschtritt. Mein Weg aus der Depression zurück ins Leben. München: Südwest.

Schlippe, Arist von (2016): Lehrbuch der systemischen Therapie und Beratung. Göttingen: Vandenhoeck & Ruprecht.

Terzani, Tiziano (2010): Das Ende ist mein Anfang. Ein Vater, ein Sohn und die große Reise des Lebens. München: Goldmann.

Titze, Michael (2003): Therapeutischer Humor. Grundlagen und Anwendungen. Frankfurt: Fischer.

Steinberger, Niccel (2001): Ich bin fröhlich. Territet: Edition E.

Watzke, Ed (2008): Wahrscheinlich hat diese Geschichte gar nichts mit Ihnen zu tun. Mönchengladbach: Forum Verlag Godesberg.

Watzlawick, Paul (2006): Anleitung zum Unglücklichsein. München: Piper.

Wippich, Jürgen (1996): Lachen lernen. Paderborn: Junfermann.